基礎からわかる

話す技術

森口 稔・中山 詢子

くろしお出版

まえがき

　本書を書きたいと思い始めたのは数年前のことです。当時、授業の参考にしようと、書店で「話しかたの技術に関する本はありますか」と聞くと、店員は戸惑った様子で「プレゼンテーションの方法のような物ですか」と問い返してきました。私は、「いえ、それも含めて、スピーチとか、会議の仕方とか、雑談のコツとか、いろいろな話しかたの技術が総合的に載っている本です。」と答えました。すると店員は、「そうですねえ、話しかた全般というのはなくて、プレゼンテーションや会議ならビジネス関連、結婚式のスピーチなどは冠婚葬祭コーナーになります。もしかしたら、語学の日本語関係の棚にもあるかもしれませんが、外国人が日本語を話す練習が中心です。」と、少し自信なさそうに、かつ、すまなそうに答えたものです。別に、この店員が悪いわけではなく、むしろこれだけの情報を即座に提供できれば、優秀だと言えるでしょう。以前に比べると、今は、話す技術に対する関心が高まってきたためか、書籍も少し増えてきたようです。

　本書は、その話す技術の中でも最も基本を学びたいと思う人、主に、新人の社会人や大学生を対象としています。内容は、基礎編と練習編に分かれていて、基礎編では、エピソードなどを入れながら、話す技術の基本について解説しています。難しくはないので、どんどん読み進めてください。練習編は、話す技術を磨く場面の提供で、特に解答は用意していません。興味のある問題から試してみてください。

　出版に際し、メーカー勤務の加島秀郎氏と、長浜バイオ大学の杉山恵里さんから、原稿の段階でいろいろと意見をもらいました。この場を借りて、感謝の意を表したいと思います。

目　次

基礎編

1　言葉の基本は音声 10
　　1．1　声から始める　10
　　1．2　赤ん坊の発声　11
　　1．3　声を出す心地よさ　11
　　1．4　音声が妨害されるとき　12
　　1．5　大きな声の大切さ　13
　　1．6　音読と早口言葉　13
　　1．7　言葉の基本は音声　15

2　話そうと思う気持ち 16
　　2．1　教室でのコミュニケーション　16
　　2．2　授業で教えたＳさんのこと　18
　　2．3　話し始める第一歩　20
　　2．4　話そうと思う気持ち　21

3　話し言葉の特徴と注意点 22
　　3．1　話し言葉の習得　22
　　3．2　書き言葉の教育　23
　　3．3　話し言葉と書き言葉　24
　　3．4　わかりやすく客観的に伝えるために　25
　　3．5　話し言葉に特徴的な注意点　27

4 敬意の表現 30

4．1 敬意を表す方法　30

4．2 敬意行動　31

4．3 敬意のない接客態度　31

4．4 敬意を表す言語表現　33

4．5 たかが敬語、されど敬語　34

4．6 敬語の種類と作りかた　35

4．7 敬語の機能　37

4．8 差別表現　38

5 雑談の技術 40

5．1 雑談に技術があるのか　40

5．2 新幹線の中で　41

5．3 雑談の場と、話し始めるきっかけ　42

5．4 自己開示と共通点　43

5．5 自慢話と自虐ネタ　45

5．6 趣味の話　45

5．7 政治と宗教はタブー　46

5．8 悪口の危険性　47

5．9 聞き上手　47

5．10 節度と幅広い知識　48

6 お願いの技術 50

6．1 お願いの頻度　50

6．2 お願いの理由　51

6．3 お願いの相手　51

6．4 お願いの具体性　54

6．5 お願いの表現と謝辞　56

7 話し合いの技術 57

7.1 雑談と話し合いの違い　57

7.2 話し合いの進めかた　58

7.3 話し合う項目を決め、目的を明確にする　59

7.4 意見を出し、整理する　60

7.5 結論を出し、次の行動を決める　60

7.6 話し合いの進行役　61

7.7 参加者の発言をコントロールする　62

7.8 意見を整理し、確認する　62

7.9 中立を保つ　63

7.10 時間を厳守する　63

7.11 記録係　63

7.12 参加者の心得　64

7.13 話し合いの後　65

8 人前で話す技術 67

8.1 コミュニケーションの2つの側面　67

8.2 自己紹介での名前と出身地　67

8.3 自己紹介で話すべきこと　69

8.4 スピーチとプレゼンテーション　70

8.5 スピーチの内容　71

8.6 スピーチの長さ　72

8.7 原稿の推敲　73

8.8 練習の量　74

8.9 スピーチ当日　74

8.10 人前で話すことが慣れている人について　75

8.11 上級者向けテクニック　77

　　8.11.1 ジョーク　77

8.11.2 先人の言葉　77

　　　8.11.3 質問　79

　　　8.11.4 小物　80

　　8.12 フィラーを避ける　80

　　8.13 プレゼンテーションに向けて　81

9　プレゼンテーション 82

　　9.1 プレゼンテーションとはなにか　82

　　9.2 プレゼンテーションの種類　82

　　9.3 プレゼンテーションの準備　83

　　9.4 目的の明確化と聴衆の分析　83

　　9.5 情報収集　85

　　9.6 ブレーンストーミングと大まかな構成　85

　　9.7 細かい論理構成と資料作成　86

　　9.8 わかりやすい表現と具体例　87

　　9.9 序論・本論・結論　88

　　9.10 スライド作成の注意点　89

　　　9.10.1 表紙のスライド　89

　　　9.10.2 目次のスライド　90

　　　9.10.3 文章よりも箇条書き　90

　　　9.10.4 図表とアニメーションの利用　91

　　　9.10.4 まとめのスライド　91

　　　9.10.5 参考文献と挨拶　92

　　9.11 配付資料作成の注意点　93

　　9.12 実物の提示と回覧　93

　　9.13 リハーサル　95

　　9.14 会場確認と発表の順番　95

　　9.15 プレゼンテーション当日の注意点　97

9.16　終了後の質疑応答　99
9.17　振り返りのチェックポイント　100

練習編

1　自己紹介 102
2　新聞記事報告 102
3　ノンストップ2分間トーク 103
4　ビブリオバトル 104
5　敬意行動の考えかた 105
6　話し合いの練習 106
7　交渉の練習 110
8　プレゼンテーションの練習 117

基礎編

1 言葉の基本は音声

† 1.1 声から始める

　一日中、誰とも一度も話さなかったという経験をしたことがあるでしょうか。一人暮らしをしていて、休日に外出せずに閉じこもっているような場合なら、そういうこともあるかもしれません。実際に、そういう経験をしてみても、一日ぐらいならば、「あ、今日は誰とも話さなかった」と思うだけでしょう。しかし、それが何日も続いた場合、我々は耐えられるのでしょうか。

　仮に無人島にでも漂着した場合なら、やむを得ないことかもしれませんが、周囲に同じ言語を使う人たちがいて、電話で話をする環境も整っているときならば、やはり誰かと話をしたくなるのではないかと思います。また、メールやSNSで繋がっていても、声を出して話をしたいという欲求は湧き上がってくるのではないでしょうか。

　私自身は、一度、どのぐらい話をせずにいることができるのか、実験をしたことがあります。家族にはあらかじめ、その日、一日は声を出して話をしない、必要があれば筆談でコミュニケーションする、と言っておきました。その実験の日、思わず声を出してしまったのは、「ただいま」と言って帰ってきた妻に、思わず「お帰り」。家の用事を済ませたと言った長男に「ありがと」。加えて、パソコンに向かって仕事をしていて、ふとつぶやいてしまう独り言。たった一日だけですが、声を出さずに生活すること

の難しさを実感しました。

　本書は、話しかたの技術について説明を進めていきますが、この章では、最も基本となる、声を出すということから考えていきたいと思います。

† 1.2 赤ん坊の発声

　人間の赤ん坊は、生まれてすぐに泣き始めます。赤ん坊にとって、最初は、声を出すことと泣くことは同義だと言えます。ところが、6週間から8週間経つと、「アー」とか「クー」など、泣き声以外のリラックスした音も出すようになります。私の長男も生まれて2か月くらいの頃、こちらが話しかけると、「ウア、オウ」と言葉にならない声を出していたのを覚えています。そういった音を出し始めた頃から、音声に意味を与えている可能性がある（正高信男『0歳児がことばを獲得するとき』p. 26）と言われます。また、「子どもはみずから声を出し、それを聞くこと自体を楽しみ…さまざまな音声を練り上げていくように」も見えます（岡本夏木『子どもとことば』p. 103）。そして「ひとりでいるときでも、さかんに発声を楽しんでいることが多」くなります（同上）。

† 1.3 声を出す心地よさ

　この源にあるのは、声を出す心地よさです。赤ん坊だけでなく、大人になった我々も、その心地よさを無意識に知っているはずです。だから、山に登って頂上に辿りつき眼下に拡がる景色を見たとき、「ヤッホー」と叫びたくなるし、長時間ずっと机の前に座って勉強や仕事をした後、誰が聞いているわけでなくても「うーん」と声を出して伸びをしたくなります。一日中、誰とも話をしなかったときのもどかしい気分は、この心地よさを得ることができなかったための欲求不満とも言えるでしょう。

　声を出す心地よさを最も実感できるのは、歌でしょう。もちろん人に聞かせるために歌うこともありますが、我々が歌うのは、歌詞に込められた

思いやメロディーやリズムの心地よさだけでなく、その底には、声を出す気持ち良さがあるのではないかと思います。気分がよいときや楽しいときに鼻歌を歌うのも同じ理由かもしれません。また、「赤ちゃんが外界とコミュニケーションをはかろうとする際、周囲から入力される情報は最初、メロディーとしてやってくる」という研究もあります。音楽は人間に「特有とされる言語能力を発達させる源」だと、その研究は言います（正高信男『子どもはことばをからだで覚える』pp. 1-2)。

このように考えると、人間は、本来、声を出す心地よさを知っているわけです。もし、今、あまり大きな声を出すのが得意でない人がいたとしても、恥ずかしさやいろいろなしがらみを捨てれば、大きな声を出せるはずです。

† 1.4 音声が妨害されるとき

その音声に意味を乗せたのが我々人間の言葉です。言葉は歌と違って、コミュニケーションが主たる目的です。心地よさを求めて自分一人で声を出すのではなく、その声を聞く人を意識する、つまり、コミュニケーションの道具としての音声が言葉です。

音声でコミュニケーションするとき、最も基本的なことは、相手に声が届くことです。物理的に音声が届かなければ、どんなに素晴らしい内容の話をしても意味がありません。相手の声が聞こえず、こちらの声も届きにくい場所では、話をする気すらなかなか起きません。たとえば、誰かと一緒に食事をするというのは、単においしい物を食べるのではなく、相手と話すことが目的です。となると、いかに料金が安く料理がうまくとも、BGMの音が大きすぎたり、従業員の声がやかましかったり、隣の客の話声が邪魔に思えたりするようなところで食事を楽しむ気にはなりません。

面白いことに、人間には特殊な能力があり、パーティー会場のように少し騒がしい場所でも、自分の話し相手の声は理解しやすく、それ以外の音声情報をほとんど無視することができます（カクテルパーティー現象）。

そうは言っても、周囲の雑音がある程度以上大きくなれば、話し相手の声も聞き取りにくくなってくることはたしかです。

† 1.5 大きな声の大切さ

　このように考えたとき、話し言葉のコミュニケーションにおいて、最も大切なのは、相手に聞こえるような声を出すことです。

　よく「日本人は英語が話せない」と言われることがありますが、その大きな原因の1つは、日本人の声が小さすぎることです。私が米国留学中に、同じ日本人の留学生の女性とハンバーガーショップに行ったときのことです。彼女は日本の大学で英語を専攻し、卒業したばかりでした。大学院に留学しようというぐらいですから、英語力も低くはなかったでしょう。その彼女がハンバーガーショップで簡単な注文ができなかったのです。

　原因は、声の小ささでした。彼女の声が聞き取れないので、店員は業を煮やしたように私のほうに向き直り「彼女、なんて言ってるの？」と少しイラついて聞く始末でした。声が相手に届かなければ発音も単語も文法もヘッタクレもありません。少々、発音が悪くとも、大きな声で言う。これが英語を話すための第一歩です。

　我々の母語である日本語でも同じです。聞き取りにくい声は、相手をイライラさせ、礼を失することになります。本書では、最終的に人前でプレゼンテーションができるようになることを目指しますが、その最初の一歩が充分な音量の声を出せるようになることだと思ってください。

† 1.6 音読と早口言葉

　もともと声の大きな人や、よく通る声を持っている人はそれだけで得をしています。声の小さな人や、くぐもった発音の人は、他の人が聞きやすい声を出せるようになるために、練習が必要です。

　その練習の1つが音読です。声の小さな人やうつむきがちに話す人は、

自分の内面をあまり表に出さないでおこうという意識からそうなっているのかもしれませんが、音読ならば自分の考えを表に出す必要はありません。誰かが書いた内容を読むだけなので、純粋に音を出すことだけに集中することができます[1]。

　慣れないうちは、小さな声でもよいので、とりあえず、声を出すということから始めましょう。少し慣れてきたら、段々と大きな声を出してください。さらには、その文章を書いた人、または、その文章の登場人物になったつもりで感情を込めて読みます。感情を込めると言っても、自分自身の内面ではなく、他の人の考えや気持ちですから、躊躇（ためら）うことはありません。俳優のように、その人に成りきって声を出すことを目指してください。

　もう1つの練習として、早口言葉があります。以下に、代表的な早口言葉を並べたので、試しに読み上げてみてください。

　　　　生麦生米生卵
　　　　バスガス爆発
　　　　東京特許許可局
　　　　青巻紙赤巻紙黄巻紙
　　　　赤パジャマ黄パジャマ茶パジャマ
　　　　隣の客はよく柿食う客だ
　　　　坊主が屏風に上手に坊主の絵を描いた
　　　　お綾や、親にお謝り。お綾や親にお謝りとお言い。

　早口言葉の難しさは、主に次のような原因があります。

・同じような音の繰り返しがあること
・口の開け方が大きく、喉の奥のほうで発音する「あ」や「お」の段の音が多いこと

1　余談だが、私は大阪生まれ大阪育ちのため大阪弁しか話せない。無理に東京のアクセントで話そうとすると、音を出すことだけに意識が集中し思考が途絶えてしまう。

- 「きょ」「じゃ」など拗音と呼ばれる、小さな「ゃ」や「ょ」の音が多く含まれること

つまり、いわゆる早口言葉でなくても、普段の話し言葉の中でこういった特徴のある表現は発音しにくくなるわけです。頭の片隅に入れておけば、人前で話すときなどに参考になるかもしれません。

†1.7 言葉の基本は音声

話し言葉の基本は音声であり、そのためには、音読を通して大きな声を出す練習をしておく必要があることを述べてきました。音読の練習には、あまり聞いたことのない文章よりは、名文と呼ばれる文章のほうが適切でしょう。齋藤孝『声に出して読みたい日本語』は、文学を中心にそうした名文を集めた本なので、音読練習に最適です。英語に興味のある人であれば、近江誠『感動する英語』での音読練習をお勧めします。

†この章の参考文献

近江誠『感動する英語』文藝春秋、2003.
岡ノ谷一夫「鳥のさえずりから言語の起源を探る」『学術の動向』2011年4月号：60-62.
岡本夏木『子どもとことば』岩波書店、1982.
齋藤孝『声に出して読みたい日本語』草思社、2001.
鈴木誠史、臼杵秀範、島村徹也「日本語早口言葉の構造と性質」『放送教育開発センター研究紀要』第12号、1995：131-149.
正高信男『0歳児がことばを獲得するとき―行動学からのアプローチ―』中央公論社、1993.
正高信男『子どもはことばをからだで覚える―メロディから意味の世界へ―』中央公論社、2001.

2　話そうと思う気持ち

† **2.1 教室でのコミュニケーション**

　大阪市 PTA 協議会というところが発行する新聞に、ある小学校の先生の話が載っていました。近頃の子どもは「やばっ」「マジ」「無理」といった単語でしか話さず、文を作らない。落とし物を拾っても「先生、これ」と呼びかけて物を見せるだけだ。コミュニケーション能力が重要視されている現在、単語だけではなく、きちんとした文で話ができる習慣をつけさせたい。そういった主旨の記事です。

　正直なところ、少し驚きました。この先生は、子どもたちがどんなコミュニケーションをすればよいと考えているのでしょうか。正しい敬語を駆使して滔々（とうとう）と流れるような文を小学生が話せば満足なのでしょうか。「先生、さっきの休み時間に、この 500 円玉を 3 階の男子トイレの前で拾いました。どうしましょうか。」クラスの全員がこんなふうに話せば、自分は素晴らしい教育をしている自信を持てるというのでしょうか。もしそれが実現されたとすれば、私には、かなり気持ち悪い状況に思えます。

　コミュニケーション力は、他の能力以上に、個人の性格やその時の感情と密接に関係しています。数学の問題を解く能力や走り高跳びの能力も、緻密さや大胆さと関係があるかもしれませんが、内面とは無関係です。活発な性格や引っ込み思案の性格であることは、数学力やジャンプ力に大きく影響しません。しかし、コミュニケーションは、「話をしよう」「コミュ

ニケーションしよう」という気持ちがなければ始まりません。社交的な人はそのハードルを簡単に乗り越え、内向的な人はそのハードルを乗り越えること自体に大きな労力を必要とします。小学生がコミュニケーションをしようというとき、まず、この「伝えたい」という気持ちを持つことが大切であり、それを形にするときに初めて、コミュニケーションの技術が必要となります。

　ところが、前述の小学校の先生の主張は、まず技術ありきです。きちんとした文で話さないと相手をしてくれない教師ならば、今度、落とし物を拾ったときにはもう届けないでしょう。お金ならば猫ババするかもしれませんし、自分に不要なものならばゴミ箱行きです。最も大切なのは、伝えたいという気持ちであるはずなのに、この先生はそれを技術論で否定しているわけです。

　その弊害でしょうか、大学で教えていると、次のような経験をすることがあります。「〜について、どう思うか」と学生に質問すると、多くの学生が「わかりません」と答えるのです。「知っているか」ではなく「思うか」という質問です。それに対して「わかりません」と答えるわけです。中には、二言、三言、単語を発して、なんとか自分の考えをまとめようとするのに、それができなくて途中で「わかりません」と言ってしまう学生もいます。

　もしかすると、前述のような先生の指導成果がこれなのかもしれません。たしかに「わかりません」は、単語だけではなく、一応、文の体裁を備えていますし、敬語でもあります。件の先生ならば、満足する回答なのでしょう。

　しかし、これはコミュニケーションの拒絶です。私が学生たちに求めたのは、理路整然とした解答ではありません。自分の思考の断片を少しでも出してほしかったのです。彼らが、単語を出してくれれば、そこからその思考を引き出してやるのは、教師の仕事です。その思考が間違ったほうに向いているならば、その修正も教師の仕事です。そのためには、文法も敬語も不要です。自分の思考の一部でも表現できる単語を発すること、これ

が最も重要なのです。

　こういったことを、その都度、説明していると、ようやく学生の態度が変わり始めます。自分の思ったこと、少しでも知っていることを言葉の切れ端として出そうとし始めるわけです。そして、自分がどの程度正解に近いのか、また、遠いのか。自分の考えを単語で示すことによって、彼ら自身にも正解との距離がわかるようになっていきます。

　「君たちの答えは正解である必要はない。間違うのが学生の仕事なんだ。今、知っていること、考えていることを出してもらいたい。そうすれば、君たちがどの位置にいるのかがわかる。それを正しい方向に導いていくのが教師の仕事だ。初めから正解にたどり着けるのであれば、この教室にいる必要はないじゃないか。」これが、私が繰り返し学生たちに伝えてきた、教室でのコミュニケーションの姿勢です。

†2.2 授業で教えたSさんのこと

　そうは言っても、自分の考えを話すことが得意でない人はいます。私が教えた学生の中にも、なかなか話をしようとしない人がいました。仮にSさんと呼んでおきましょう。

　私の授業では、本書の「練習編：話し合いの練習」に載せたような「人間は100メートル走で9秒を切ることができるようになるか」「自分の大学を高校生にどのようにアピールするか」などのトピックについて6〜8人で話し合いをする機会を作っています。そういった機会は半年の授業の中で10回ほどありましたが、Sさんは、6回目ぐらいまで、ほとんど話をしていなかったように見えました。他の人がいろいろな意見を出している中、じっと俯いてまったく話をしないのです。気になった私は、ときどきSさんに声を掛けたり、ディスカッションの進行役に全員に発言させるよう促したりしましたが、効果はありませんでした。

　ところが、7回目辺りの授業で、Sさんがディスカッションの輪に入って、他の学生たちと普通に話している場面を見ました。何があったのか私

にはわかりませんでしたが、その後の授業でも積極的に話をしていたようです。

　不思議に思った私は、その学期の最後の授業でSさんに直接尋ねました。すると、彼女は、翌日、その理由を丁寧に説明した手紙を私に手渡してくれました。Sさんから許可を得ていますので、その内容をここに紹介しましょう。

　まず、Sさんは、「自分から積極的に発言や行動を起こすことが苦手」であることを、はっきりと自覚しています。そして、その理由として「物事を深く考えすぎて、ネガティブな方向に考えてしまうこと」だと自己分析しています。たとえば、「今、話かけたら邪魔かな」とか「私と話してて楽しいのかな」というように、悪い方向に考えてしまうそうです。

　そんなSさんにも友人はいます。Kさんと呼びましょう。コミュニケーションが不得意なSさん同様、Kさんも人見知りの激しい人でした。また、Kさんは、最初、Sさんのことを「恐い人だ」と思っていたようです。二人が初めて話をしたのは、授業でパワーポイントのスライドを作成したときのことです。Sさんがどうしてもわからないことがあったので、「もうこれは仕方ない。わからないんだから、私のこと好きでも嫌いでも関係ない」と思ってKさんに質問したのがきっかけでした。話してみると、お互いに本好きであることがわかり、それをきっかけに仲良くなっていきました。

　Sさんが授業でも積極的に話すようになった引き金は、パートで働いているお母さんの一言です。「仕事は、仕事だけやっとけばいいってわけやない。職場の雰囲気も大切やから、そのために人と話すんや。話せんかったら息が詰まってしまうわ。」このお母さんの言葉に加えて、Sさんは、自分の意見をあまり口に出さない中学時代の同級生が、高校卒業後に働き始めて非常に明るくなり、自分の意見も言えるようになったことにも気づきます。

　もう一つ、「話しかけたくらいで嫌いやなって思う子、よっぽどおらんと思うよ」と言ってくれる友人がいたことや、授業中、俯いて黙っている

ことを心配して「どうしたの？」と声を掛けてくれた友人がいたことも、Sさんの背中を後押ししてくれました。

今は、自分でも薬局でアルバイトを始め、人とのコミュニケーションも勉強だと考え、笑顔で対応ができるようになってきたそうです。

† 2.3 話し始める第一歩

Sさんがコミュニケーションできるようになった理由は4つあります。

まず、重要なことは、Sさんの自覚と希望です。自分は話すのが苦手だけれど、いつかはうまく話せるようになりたい。この自覚と希望を持っていなければ、前に進むことはできません。

次に、周囲の人の立場に自分を置いて考えてみたことです。「雰囲気が大切だ」というお母さんの話や、「どうしたの？」と声を掛けてくれた友人の立場になったとき、自分はその人たちに心配や迷惑をかけているのではないかと想像しています。

3つめは、実際に、コミュニケーションせざるを得ない状況に追い込まれたことです。Kさんにパワーポイントの使いかたを尋ねた場合も、アルバイトで接客する場合も、否が応でも口を開いて話をせざるを得ません。

最後に、Sさんの開き直りです。これは、Sさん自身の手紙に書かれていたわけではなく、私の想像です。ネガティブな方向を心配して人に話しかけなかったSさんが、実際にコミュニケーションを始めてみると、特に問題はなかった。「思ったより簡単だし、失敗しても大きな問題はない」Sさんはそう考えることができたのではないでしょうか。

話好きな人、社交的な人にとっては、Sさんの気持ちや行動はなかなか理解できないかもしれません。しかし、そういう人たちにとって当たり前のことが、Sさんにとっては高いハードルだったのです。

†2.4 話そうと思う気持ち

　前述したように、子どもの頃は、コミュニケーション力と性格は不可分に結びついています。そのため、小学生に無理にコミュニケーションの技術をつけさせようとすると、却って弊害があるかもしれません。小学生の頃は、コミュニケーション技術の基礎となる、漢字と語彙と文法の力をしっかりと身に付けておけばそれで十分でしょう。逆に言えば、漢字や語彙や文法の基礎ができていなければ、本当のコミュニケーション力をつけることはできません。その基礎に自信がない人は、まず、読書をしてください。いろいろな分野の多くの本を読めば、漢字や語彙や文法の力は自然と身に付いてきます。また、読むだけでなく、書く練習もすることによって、さらに基礎を固めることができます。

　一方、社会人にとっては、コミュニケーション技術は必須です。顧客と接する必要のある営業職だけではなく、事務職や技術職でも職場の人たちとは、常にコミュニケーションを取らなければなりません。さきほど紹介したSさんの例からもわかるように、仕事を始めれば「口下手だからコミュニケーションできない」では済まされなくなります。コミュニケーションをしようと思う気持ちが最も大切ですが、それだけではなく、話し言葉の技術も必要となります。では、話し言葉とはそもそもどんな特徴を持っているのか、次章でその話をしましょう。

†この章の参考文献

池野弘子「会話をはずませよう―単語で話していませんか―」『大阪市PTAだより』2012年5月20日号：2.

森口稔「段階的コミュニケーションと学校教育」『日本コミュニケーション研究』第44巻第1号、2015：27-36.

3 話し言葉の特徴と注意点

† 3.1 話し言葉の習得

　言語学者のチョムスキーによると、我々人間は生まれながらにして「普遍文法」と呼ぶ言葉の枠組みを持っているそうです。これは人間であれば誰もが持っている能力であり、これを持っていなければ健常な人間と呼ぶことはできません。ただし、この能力は枠組み、つまり単なる入れ物であって赤ん坊のときにはまだ何も入っていません。ある年齢までにこの入れ物に中身を入れていかなければ人間であっても話せるようにはならないのです。

　では、その入れ物にどうやって中身を入れていくか。それは、言葉に触れることにほかなりません。つまり、周囲の人間が話す言葉を聞くことでその言葉を習得していくわけです。日本人が日本語を話し、アメリカ人が英語を話すのは、その入れ物に最初に入れた言葉、つまり、生まれてから一定の年齢になるまでの間に触れてきた言葉が、日本語であり、英語だったからです。米国生まれの日系人が日本人の顔をしていても日本語を話せないのは、このためです。

　言葉に触れる機会がないままに育ってしまった実例としては、フランスのアヴェロンで発見された野生児や、米国で2歳から13歳まで実の父親によって監禁されていた少女の話があります。アヴェロンの野生児とは、1799年、森の中で発見された推定年齢11〜12歳の男の子です。まった

く言葉を理解せず、人間的な感情も持っていませんでした。その後、6年間にわたる教育によって、ある程度人間的な生活ができるようになりましたが、言葉を話すことはできませんでした[2]。米国で父親に監禁されていた少女ジーニーは、アヴェロンの野生児に比べると、教育によって、言葉によるコミュニケーションの力をはるかに伸ばすことができましたが、正常な言葉を獲得するには至りませんでした。このように、成長の過程で一定の年齢までに充分な量の言葉に触れることは非常に重要な要素です。この考えかたには諸説ありますが、だいたい12歳が限界だと言われています。

　逆に、人間として生まれ、普通に言葉が話されている環境で育てば、練習などしなくても言葉は話せるようになります。「普通に」とわざわざ入れたのは、もしある子どもが1時間ごとに聞こえてくる言葉が違うような環境に置かれて0歳から10歳まで成長したとき、その子どもは10か国語が話せるのか、それともどの言葉もまともには話せないのかはわかりません。これは私自身が知らないというだけではなく、おそらく言語獲得の研究分野などでもわかっていないのではないかと思います。人道的にそういった実験をすることは許されないし、実験をしなければこの仮定の状況の答えは出せないからです。

† 3.2 書き言葉の教育

　さて、翻って書く能力はどうでしょう。言語環境に置いておくだけでできるようになる「話す技術」とは異なり、「書く技術」には教育が必要です。たしかに幼い子どもが見よう見まねで文字らしき線を書くことはあります。周囲に書き言葉がある環境に置かれていれば、文字も絵の1つとして幼い子どもが書いても不思議はないでしょう。たとえば、次ページの図は、まだ幼稚園に入る前の子どもが書いた字です。「ぐ」という字が反対になっていたり、「ち」の最後に余分な線があったりしますが、「も」と「り」は

---

[2] もともと、知能障害を持っていたという説もある。

なんとか書けています。

しかし、話し言葉と同じように、その環境に放っておくだけで文字が書けるようになるでしょうか。これも人道的に考えてそんな実験はできませんが、漢字の膨大な量を考えると環境を与えるだけで文字が書けるようになるとは思えません。また、ワープロとパソコンの普及によって「読めるけど書けない」漢字が昔に比べて多くなっていることは成人の誰もが感じていることです。読んでいるだけで書けるようになるのであれば、苦労はないでしょう。

書き言葉は教育しなければ覚えないが、話し言葉は環境の中に放っておくだけでできるようになる。これまでの話を単純にまとめれば、そういう結論になります。しかし、実は、ここに落とし穴があります。たしかに、普通の言語環境に置いておけば、子どもは話ができるように育っていくでしょう。しかし、それはある程度の語彙を使って、ある程度正しい文法に則った発話ができるというだけです。あくまで「ある程度」なのです。それだけであれば、口から言葉を出すことはできていますが、話しかたの技術を身に付けたとは言えません。

† 3.3 話し言葉と書き言葉

書き言葉と比べたときの話し言葉の特徴を考えてみましょう。まず、話し言葉は音声ですから、録音でもしなければすぐに消えてしまいます。一方で、同じ時間を共有しているため、対面であれ電話であれ、相手の反応はすぐに返ってきます。言葉で反応が返ってこなくても、表情や姿勢で反応をみることができますし、電話の場合ならば沈黙も1つの反応と言えるでしょう。そして、その相手の反応に対して自分もまたすぐに反応を返します。もう一つ、書き言葉は文字にしてしまえば言語以外の情報をつけ加えることがなかなかできませんが、話し言葉では音の強弱・高低・速度や身振り・表情によって、伝える内容に気持ちを加えることが簡単です。そ

して、声紋は指紋と同じく人によって異なっているので、声を聞けば、顔が見えなくても、相手が誰かすぐにわかります。書き言葉も筆跡や文体などで個人を特定することはできますが、最近はIT機器を使って書くことも多く、それも難しくなっています。

　これらの点をまとめれば、書き言葉よりも話し言葉のほうが、瞬発的であることと、「個人」が全面に出やすいことだと言えます。家族や友人との気楽な雑談であれば、「個人」が出てしまっても問題ありませんが、学校や会社などの公的な場では「個人」を出しすぎず、客観的にわかりやすく伝えなければならない機会も多くあります。

　もう1つ、時間も大きな要素です。まともな文章を書こうとするとけっこうな時間を使います。ところがそれを読むほうはあまり時間をかけずに情報や知識を収集することができます。その意味で、書き言葉においては情報や知識の発信者と受信者の間に時間コストの大きな差があるわけです。一方、話し言葉は、思いついたことを口にするだけなら、ほとんど時間がかかりません。そして、それを聞く側は、話す側と同じだけの時間がかかります。話し言葉では場を共有するわけですが、それはお互いの時間を提供し合っているとも考えられます。貴重な時間を無駄にしないためにも、わかりやすく伝える努力はすべきでしょう。

　では、そのための注意点を次節で考えてみましょう。

†3.4　わかりやすく客観的に伝えるために

　わかりやすく客観的に伝えようとするとき、書き言葉と話し言葉に共通している基本は次の4つです。

・最初に全体像を提示する
・相手が理解できる語句を使う
・具体例を挙げる
・適度な長さにする

書き言葉については、森口稔・中山詢子『基礎からわかる書く技術』を参考にしてもらうこととして、ここでは話し言葉について考えていきましょう。

　最初に全体像を提示する、という点は、我々は普段から実行しています。たとえば、話始めるとき「今度の旅行のことだけど」とか「大学院進学について相談がありまして」などと最初に言うのではないでしょうか。

　意外とできていないのが、「相手が理解できる語句」を使うことです。特に、自分の専門分野やマニアックな趣味の話をするとき、つい専門用語を使ってしまいがちです。たとえば、陸上競技を知らない人に「スタブロ[3]」と言っても何のことかわからないでしょうし、仏像に興味のない人に「乾漆（かんしつ）[4]」と言っても通じません。ところが、陸上部に所属している人や日本美術史を専攻している人にとっては当たり前の言葉なので、それを知らない人に対しても説明なしで使ってしまいがちです。「等尺性収縮[5]」や「瑟々座（しつしつざ）[6]」のように、いかにも専門用語に聞こえる単語は使わなかったり、使ったとしても説明したりするかもしれません。それに比べて、「スタブロ」や「乾漆」は、その分野をよく知っている人にとっては非常に基本的な用語であるために意識しにくいのでしょう。自分の専門分野や趣味について、どういった用語がそれに当たるのか、考えてみてください。

　3つめの「具体例を挙げる」ことは、得意な人と不得意な人がいるようです。いろいろなエピソードを挙げて話してくれるのに、結局、何を言いたいのかわからない人。一方、「アレはダメだ」と言うだけで、具体的に、どの部分がどうダメなのか、話してくれない人。前者の人には、上述した全体像を提示することを意識してもらいたいと思いますし、後者の人は、

3　スターティング・ブロックの略。短距離走のスタート時、後方に足が踏ん張れるように、地面に埋め込んで使う器具。
4　漆を固めた後で、それを彫っていく仏像制作の技法。
5　関節を動かさずに筋肉に力を与えている状態。たとえば、合掌して右手と左手を互いに押し合えば、関節は動かないが胸や腕の筋肉に力が入り、トレーニングになる。
6　不動明王が座る台。岩を抽象化したものとされる。

具体的なことを示す練習をしてください。たとえば、自己紹介の機会があるとき「私の趣味は音楽です」だけだと、具体性がありません。音楽を聞くだけなのか、自分も演奏するのか。クラシックか、ジャズか、ロックか。演奏するなら楽器は何か。好きなアーティストは誰か。具体的に話せる内容はいくらでもあるはずです。

　最後の「適度な長さ」は、文についても、話の一部についても、話全体についても言えます。日本語は「…ので」「…ても」「…だが」などの接続助詞をつけ加えることで、いくらでも1つの文を長くすることができます。しかし、文法的に問題がなくとも、それを聞いているほうは一文が長くなれば何を言いたいか理解できなくなってきます。書き言葉の場合は一文が50字程度までが適切ですが、話し言葉は読み返すことができないため、より短かく伝える必要があります。

　「話の一部」とは書き言葉で言えば段落に当たるものです。プレゼンテーションのように一人だけで話している場合でも、誰かと会話している場合でも、一度、話を止めて、一呼吸つく瞬間を入れてください。これがないと、話を聞いている相手は、長い段落を読まされているような疲れを感じます。

　最後の「話全体」の長さとは、スピーチやプレゼンテーションのように、人前で話をする場合の時間のことです。詳しくは第8章と第9章で説明しますが、与えられた時間を超えないように注意してください。

† 3.5 話し言葉に特徴的な注意点

　話し言葉は、書き言葉に比べて、より瞬発的であると述べました。そのため、発言はより慎重でなければなりません。書き言葉は、自分が書いた後、相手に渡すまでに見直しができます。気持ちに任せてメールを書いた後、読み直してみると、あまりにも過激な言葉遣いだったので修正した、というようなこともあるでしょう。しかし、一度、口から発した言葉は取り返すことができません。書き言葉と違い、証拠として残ることがないに

しても、それを聞いた相手は覚えているかもしれません。

　2章で、会話が苦手なSさんの話をしました。Sさんのような人は、常に慎重にコミュニケーションを取ろうしているため、軽々しく発言しないようです。逆に、話好きで社交的な人こそ、発言には常に要注意です。

　話し言葉では「個人」が全面に出るということに関して、注意すべき点は、敬語と方言です。書き言葉ならば、先生や上司に出すレポートで「である」体を使っても問題はありませんが、話し言葉では敬語です。書き言葉の場合は、書かれた結果としてのレポートが全面に出て、「個人」としての提出者はそれに隠れてしまいます。一方、話し言葉では、話し手「個人」が全面に出るため上下関係が意識され、敬語を使う必要が出てきます。

　敬語については第4章で少し触れるので、ここでは方言について説明しましょう。明治維新後、日本全体が近代化に向けて必死になっていた頃は、方言が抑圧されていたこともありました。しかし、テレビやインターネットのおかげで、今では方言で話すことが一般に受け入れられてきています。そのときに気をつけるべきことは、無意識の方言です。たとえば、関西では「画鋲」のことを「押しピン」と呼び、北海道では別れの挨拶に「どうもでした」と言います。ところが、これらの言いかたが方言であると意識している関西人や北海道人は多くないようです。自分が使っている単語が方言であるかどうかを知るためには、普段から本や新聞を読んで、多くの単語を学び、言葉の感覚を磨いておく必要があるでしょう。

　最後に、日本語の特徴の1つとしての同音異義語があります。英語でも、meet（会う）とmeat（肉）、see（見る）とsea（海）のように同音異義語はありますが、日本語では桁違いにたくさんあります。たとえば、「こうえん」という音に当てはまる単語は、すぐに思いつくだけでも「公園」「講演」「後援」「公演」などがあります。聞き手を混乱させないためには、大和言葉やカタカナ語で言い換えたり、漢字を説明したりしながら使うべきでしょう。

　話し言葉にも技術が必要であることを述べてきましたが、技術と言うよりも注意点という程度に考えておいてください。その注意すべき点を常に

意識し、場数を踏むことで、基本的技術は自然と身に付いてくるはずです。

†この章の参考文献

スーザン・カーチス『ことばを知らなかった少女ジーニー―精神言語学研究の記録―』築地書館、1992 (Susan Curtiss. *GENIE: A Psycholinguistic Study of a Modern-Day "Wild Child."* 1977. 久保田競・藤永安生 訳).

鈴木義里『つくられた日本語、言語という虚構―国語教育のしてきたこと―』右文書院、2003.

中島義明他『心理学辞典』有斐閣、1999.

森口稔、中山詢子『基礎からわかる日本語表現法』くろしお出版、2015.

4 敬意の表現

†4.1 敬意を表す方法

我々が人に対して敬意を表すときは、主に次の3つを使います。

・言葉
・身体
・物

言葉を使う方法としては、まず敬語を思いつくかもしれませんが、それだけではありません。敬語については、後で解説するとして、まず残りの2つを取り上げましょう。

目の前に相手がいる場合は、言葉だけでなく、身体の位置や姿勢によっても敬意を表す必要があります。服装も身体の一部のような存在だと考えれば、それも敬意を表す道具の1つです。たとえば、お辞儀をする、話を聞くときに腕や脚を組まない、目上の人を正式に訪問する際にはきちんとした服装を選ぶ、などです。

物を使って敬意を表す方法の例としては、最近は少し廃れてきていますが、お中元やお歳暮があります。他家を訪問するときに、手土産を持っていくこともその1つでしょう。

身体を使う方法と物を使う方法を合わせ、言語を使った敬意表現と区別

するために、ここでは「敬意行動」と呼ぶことにしましょう。

4.2 敬意行動

敬意行動の根底には、次のような考えかたが存在すると思われます。

(a) 防御や攻撃を放棄する
(b) 相手と同じ、または、より多くのエネルギーを使う
(c) 見た目の心地よさを相手に与える
(d) 相手への関心を示す

たとえば、お辞儀をするというのは、自分の頭を低くし相手が見えなくなるわけですから、相手からいきなり殴られる可能性もあります（もちろん実際に殴る人はいないでしょうが）。その意味でお辞儀は (a) に基づいた敬意行動です。部屋の中で目上の人を座って待っている場合、その人が入ってきたときには立ち上がるのが礼儀です。これは、立っている相手と同じだけのエネルギーを使う (b) に基づいていると考えられます。部屋への出入りやエレベーターの乗り降りでは、目上の人に先に行ってもらうのが普通です[7]。目上の人に尻を向けることを失礼と考えるのは (c) になります。話をするときは目を見て話すべきだと考えるのは、(d) です。ただ、相手の目を凝視しすぎることは、逆に攻撃的であるとも感じられ (a) に違反するので要注意です。ほかに、どのような敬意行動があり、その基礎となる考えかたは何か、考えてみてください。

4.3 敬意のない接客態度

次に言葉を使って敬意を表す方法について考えましょう。まず、私が経

---

[7] ただし、エレベーターでは、案内する人が先に乗り、操作ボタンを押したほうがよい場合もある。

験した事例を1つ紹介します。

　あるビジネスホテルチェーンの東京・品川店でのことです。2泊の予定で、チェックインし、その日着ていたワイシャツを翌々日に着るためにクリーニングに出そうと思いました。そのときのフロントでの会話です。

　　私：　ワイシャツをクリーニングに出したいんですが、明後日にはできますよね。
　　ホテル：11時くらいまでには、できあがると思います。

　通常、ホテルのチェックアウトは10時なので、万一11時にクリーニングができあがる場合、チェックアウトに間に合いません。幸い、翌々日の仕事もその近くなので、クリーニングが出来上がったワイシャツは昼頃にでもホテルに取りに行けばいいかなと思って、尋ねてみました。

　　私：　そうですか。もしチェックアウトに間に合わない場合どうすればいいですか。
　　ホテル：そういうことであれば、お引き受けできません。

　このホテル側の答えに私は耳を疑いました。「カウンターで預かっているので取りに来てください」とか「クリーニングをしている部署まで行ってください」というような答えを期待していたのです。そこは、忙しいビジネス客をもてなすはずのビジネスホテルです。深夜遅くに頼んだわけではありませんし、受け取りは、翌日ではなく翌々日です。この場合、店員の対応以前に、ビジネスホテルのクリーニングが2泊する宿泊客でも利用できないほどスピーディーさに欠ける点がまず問題ですが、それ以上にこの店員の回答は不可解であり、不愉快でした。
　その後、自分が何を言ったか覚えていませんが、まるでホテルに難癖をつけてくる客であるかのように扱われた不快感だけは忘れられません。その後、いっさいそのホテルチェーンを利用することはありませんし、この

ホテルが話題になったら必ずこのエピソードを紹介しています。

この従業員は、おそらくマニュアルに従って業務を行っていたのでしょう。敬意行動という点でも、敬語という点でも、問題はなかったはずです。では、私が不愉快になった原因は、何でしょうか。次節ではそれを考えていきましょう。

† 4.4 敬意を表す言語表現

言葉で敬意を表すには、次の3つの点に気をつける必要があります。

・いつ話すか
・何を話すか
・どう話すか

まず、いつ話すか。二人以上で話をしているとき、お互いが同時に話を始めたり、非常に長い沈黙があったりすることは、あまり多くはありません。つまり、我々は会話の順番についての無意識のルールを持っていて、それに従って話し手が交替しているわけです[8]。もしこれを意識的に破ることがあれば、敬意を失することになります。人の話は最後まで聞く。話すべきときには話す。実は、ここにもさきほどの敬意行動と同じような考えかたがあります。人の話を最後まで聞かなかったり、問いかけに答えず沈黙したりすることは、相手への関心を示さないことであり 4.2 節で見た (d) に反すると考えることもできるわけです。

次に、何を話すか。話の内容について、グライスという哲学者が協調的に会話を進めるには次の4つの公理を守る必要があると説いています。

質の公理：　真であることを言うこと

---

[8] この暗黙のルールは文化によって異なるところがあり、それを知ることも大切だが、ここでは日本人同士のことに絞って考える。

量の公理：　必要なだけ言うこと
関係の公理：関連性のあることを言うこと
様態の公理：簡潔にはっきりと順序立てて言うこと

逆に言うと、この4つの公理を守らない場合、協調的な会話にならないというわけです。とは言え、友人同士の打ち解けた会話では、皮肉や冗談を言うなど、この公理に反することもよくあります。しかし、敬意を示さなければならない場面では、この公理を守らなければなりません。

前述のホテル従業員の場合、「関係の公理」に違反しているとも「様態の公理」に違反しているとも考えられます。「どうすればいいか」という私の質問に対し「お引き受けできません」という無関係な回答をしたという点は「関係の公理」に違反しています。クリーニングの注文を受けることができない理由をまったく説明しなかったという点は「様態の公理」に違反していると考えられます。

† 4.5 たかが敬語、されど敬語

さて、3つめの「どう話すか」の中心となるのが、敬語です。テレビドラマにもなった蛇蔵&海野凪子『日本人の知らない日本語』で紹介されているように、敬語は外国人の日本語学習者だけでなく、日本人にとっても難しいものです。

しかし、ここまで説明してきたように、敬意行動に気をつけ、会話の公理を守っていれば、少々間違った敬語を使ったとしても大きな問題になることはないでしょう。逆に、いかに正しい敬語を使ったとしても、居丈高な態度だったり、投げやりな態度だったり、話の内容が不十分だったりすると、相手は敬意を感じません。場合によっては、威嚇や軽蔑すら感じる可能性があります。

とは言え、やはり敬語がきっちりと使えるほうが社会的評価が高くなることはたしかです。次節では、中学校で習ったことも含めて簡単に敬語の

復習をしておきましょう。

†4.6 敬語の種類と作りかた

　中学校で習ったはずですが、敬語には、尊敬語・謙譲語・丁寧語の3種類があります。丁寧語については、文末を「です・ます」にすることが中心で、特に説明の必要はないでしょう。尊敬語は、目上の人の動作や関連する事物を高めることで敬意を表し、謙譲語は、自分自身や自分に関わる事物や人をへりくだることで敬意を表します。

　尊敬語と謙譲語については、まず、次ページの表を覚えてください。

　ここに挙げた動詞以外の動詞は、以下のルールに従って作ります。また、漢字2字の後に「〜する」を付ける動詞（サ行変格活用の動詞）は、上の表の「する」と同じ作りかたも可能です。

・動詞の尊敬語の作りかた
　　「れる・られる」を付けて活用する
　　　　　話す　→　話される　　　　説明する　→　説明される
　　「お・ご　〜になる」の「〜」に動詞の活用した形を入れる
　　（漢字を訓読みする場合は「お」、音読みする場合は「ご」になるのが普通です）
　　　　　話す　→　お話しになる　　説明する　→　ご説明になる

・動詞の謙譲語の作りかた
　　「お・ご〜する」の「〜」に動詞の活用した形を入れる
　　（漢字を訓読みする場合は「お」、音読みする場合は「ご」になるのが普通ですが、「お返事」「ご返事」のようにどちらでもよい語もあります）
　　　　　話す　→　お話しする　　　説明する　→　ご説明する

基本形	尊敬語	謙譲語
行く	いらっしゃる、おいでになる、お越しになる	伺う、参る
来る	いらっしゃる、おいでになる、お見えになる、お越しになる	参る
いる	いらっしゃる、おいでになる	おる
する	なさる、される	いたす
言う	おっしゃる	申す、申し上げる
聞く	お聞きになる	伺う、承る、拝聴する、お聞きする
見る	ご覧になる	拝見する
読む	お読みになる	拝読する、お読みする
くれる	くださる	－
もらう	お受け取りになる	いただく、頂戴する、賜る
食べる	召し上がる	いただく、頂戴する
与える	お与えになる	差し上げる
着る	お召しになる	－
知っている	ご存じである	存じ上げている
会う	お会いになる	お目にかかる、お会いする
死ぬ	お亡くなりになる	身まかる

　名詞や形容詞は、次の方法で敬意を表す表現を作ることができます。

　　「お」や「ご」を前に入れる
　　（漢字を訓読みする場合は「お」、音読みする場合は「ご」になるのが普通です）
　　　　　話　→　お話　　住所　→　ご住所　　忙しい　→　お忙しい

　名詞の敬意表現は、目上の相手から受け取る場合は尊敬語になり、目上の相手に対して行ったり出したりする場合は謙譲語になることがありま

す。たとえば、「お返事」は、「お返事が来ない」のように目上からの返事のときは尊敬語、「お返事を差し上げる」のように自分からの返事のときは謙譲語になります。

このほかにも、名詞には以下のような特別な表現があります。

	尊敬	謙譲
父	お父様、お父上、ご尊父	－
母	お母様、お母上、ご母堂	－
息子	ご子息	愚息
娘	お嬢様、ご令嬢	－
夫	ご主人様	－
妻	奥様、ご令室	愚妻
住まい	お住まい、ご尊宅	拙宅
会社	御社、貴社	弊社、小社
学校・大学	貴校、貴学	－
著書	ご著書	拙著

ここでは、敬語の作りかたの基本だけを説明しました。敬語については、多くの書籍が出ていますので、自分にあったものを見つけて勉強しておいてください。

† 4.7 敬語の機能

我々が敬語を使う相手は、二通りあります。1つには、目上の人です。年上の相手や、組織の中での階級が上の相手に対し、我々は敬語を使います。もう1つは目上でなくてもあまり知らない人に対して敬語を使うこともよくあります。

初対面のときに敬語をお互いに使っていた人たちが、親しくなるにつれて敬語を使わなくなるのも、打ち解けてきた証拠です。逆に、普段はタメ口で話している恋人や配偶者が「そうですか。わかりました。」というふ

うに急に敬語を使ったとしたら、相手は「怒ってるのかな」と思うでしょう。これは、よく知っている相手を疑似的に知らない人であるかのように扱っているからです。

言い換えれば、敬語は、人間関係における心理的距離を遠ざける機能を持っているわけです。こういった機能も意識し、上手に敬語を使っていってください。

† 4.8 差別表現

最後に、敬意表現の反対とも言える、差別表現について考えておきましょう。差別的な意識を持つこと自体、もちろん許されないことですが、問題は差別表現であることを知らずに使ってしまう場合です。これまで述べてきたように、敬意行動や話す内容がグライスの公理に反していなければ、仮に間違った敬語を使っても敬意を表すことはできますが、差別表現は、その表現を使った瞬間に差別意識を持っていると見られてしまいます。

そういった事態を避けるためにも、何が差別表現になるか知っておく必要があります。不安がある場合には辞書を引いて確認してください。たとえば、誰でも知っているような差別表現以外にも、以下のような単語は差別的だと思われる可能性があるので、気をつけるべきでしょう。

裏日本、唖、外人、気ちがい、後進国、ジプシー、しろうと、せむし、屠殺場、びっこ、文盲

差別表現で難しいのは、それが時代とともに変化していく点と、その表現の受け手の感じかたが人によって異なる点です。たとえば、30年ほど前であれば、会社で事務職として働く女性を「OL（オーエル）」と呼ぶことは、特に差別的であるとは考えられていませんでした。しかし、男女雇用機会均等法が定められ、女性の社会進出が当たり前となりつつある今、OLという語は差別的であると見られることもあります。

また、米国では黒人を Black と呼ぶのは差別的であると考えられ、African American（アフリカにルーツを持つアメリカ人）という語が使われるようになりました。ところが、私が留学していたとき、黒人の友人が「自分は African American よりも Black と呼ばれたい」と話すのを聞いたことがありました。いかにアフリカにルーツがあったとしても、普段の生活でアフリカを意識することのない彼にとっては、単刀直入に肌の色だけを指し示す Black のほうが却って誇りを持つことができ、心にすっきりと入ってきたのかもしれません。

　このように、差別表現を扱うのは非常に微妙な問題です。できる限り意識し勉強を続けてください。

†この章の参考文献

一般財団法人テクニカルコミュニケーター協会編著『日本語スタイルガイド第 3 版』テクニカルコミュニケーター協会出版事業部、2016.

小池生夫他『応用言語学辞典』研究社、2003.

小林朋道『ヒトはなぜ拍手をするのか―動物行動学から見た人間―』新潮社、2010.

田中篤子編著『秘書実務―実習マニュアル―』嵯峨野書院、2002.

土居健郎『「甘え」の構造』弘文堂、1971.

中根千枝『タテ社会の人間関係』講談社、1967.

西尾秀和『差別表現の検証』講談社、2001.

5　雑談の技術

†5.1 雑談に技術があるのか

　まず、この章のタイトルを見て「雑談に技術があるのか」という疑問を持つかもしれません。しかし、話していて楽しい相手と楽しくない相手がいるのは事実です。長年知っているにも関わらず、話をしていて面白くない人、初対面なのに思わず話が弾んでしまう人。その違いは何なのでしょうか。また、以前は楽しく話ができたのに、もう面白いとは思わなくなってしまった人、逆に、前はさほど親しくなかったのに、今は、時間を忘れるほど話してしまう人。いったい何が違ってきたのでしょうか。ほかにも、多くの人が「あの人の話は面白い」と感じる人も存在します。その人はなぜそう思われているのでしょうか。

　人間は起きている時間のうち、約80%の時間を他の人と一緒に過ごし、6～12時間は誰かと会話をしていると言われます。そして、その会話のうちの90%を占めるのが雑談です（マイケル・S・カザニカ『人間らしさとはなにか？』pp. 138-139）。授業でのグループワークや、社会に出てからの仕事などでも、雑談は、人間関係の潤滑油になり、「職場で使う多目的な装置として機能」しているという研究もあります（田中宏昌「ビジネスにおける協調的会話」）。

　それならば、人生を楽しく有意義に生きるために、雑談の技術は身に付けておきたいところです。「仲の良い友人だけでなく、ちょっとした知り

合いや初対面の人とも雑談できるようになりたい。でも、どう話したらいいかわからない。」こう思っている人は、この章を読んでその技術を学んでください。では、雑談の技術を考えるヒントとして、私が経験した初対面の人との雑談の例から話を始めましょう。

† 5.2 新幹線の中で

　東京に出張した帰りの新幹線の中での話です。東京駅で崎陽軒(きようけん)のシウマイ弁当[9]とアサヒスーパードライ[10]を買い込んで、3人掛けの通路側の指定席に座りました。3人掛けの窓側には人がいましたが、真ん中は空いていました。混んでいるわけでもなく、また、すいているわけでもない、そこそこの乗車率で、もしかしたら品川駅[11]で真ん中の席に乗ってくる人もいるかもしれないと思い、私はまだ弁当を広げませんでした。品川駅を過ぎても乗ってくる人はなく、「このぶんなら、新横浜も大丈夫だろう」と勝手に思い込んでスーパードライの栓を開けシウマイ弁当を広げました。

　そして、新横浜。思ったよりも多くの人が乗り込んできて、少し身構えました。箸を止めて乗り込んでくる人々を見ていると、背の高い一人の紳士と目が合いました。「あ、すみません。」ビールと弁当を持ち、降ろしていたテーブルを持ち上げて留め、通路に立ち上がらざるをえませんでした。紳士は少し恐縮しながら、網棚に荷物を上げて真ん中の席につきました。私はスーパードライとシウマイ弁当の夕食を再開。

　と、席に座った隣の紳士（H氏と呼んでおきます）がビニール袋から出したのは、なんと、私と同じ組み合わせ。アサヒスーパードライと崎陽軒のシウマイ弁当。「同じですね。」なんとなくおかしくて、思わず話しかけました。

　これがきっかけとなって、雑談が始まりました。年齢はほぼ同じくらい。

9　株式会社崎陽軒が販売している横浜の名物弁当。
10　アサヒビール株式会社が販売しているビールの銘柄。
11　東海道新幹線で東京を出発すると、まず、品川駅、次に、新横浜駅に停車する。

職業はもとより、お互いの出身地、学歴、家族、日本の経済や教育問題など、初対面とは思えないほどにさまざまな話題について我々は語り合いました。そのおかげでＨ氏が名古屋で下車するまでの約1時間半は、楽しく有意義なものとなりました。別れ際、名刺を交換し、初めて名乗り合いました。

さて、スーパードライとシウマイ弁当がきっかけになったとしても、なぜ我々はこんなに話し続けたのでしょうか。他の例も引きながら、その要素を整理してみましょう。

†5.3 雑談の場と、話し始めるきっかけ

「書く」という行為は、道具さえあれば自分一人で始めることができます。それを誰かに見せるかどうかは関係ありません。読んでもらう場がなくとも書き言葉は発生します。一方、雑談に限らず、話し言葉は場がなければ発生しません。話し合いやスピーチであれば、あらかじめ、その場を正式に設定するわけですし、「今度、食事に行きましょう」という誘いは、「今度、ゆっくり話す場を持ちましょう」というのとほぼ同じ意味です。

Ｈ氏と私の例で言えば、まず、お互いが一人だった点は大きいでしょう。皆無ではありませんが、どちらか一方に連れがいる場合、見知らぬ人と話をする可能性は少なくなります。同行者の中で既に場が出来上がってしまうわけです。このときの東京行は遊びの旅行ではありませんが、一人旅の楽しさの１つは、行く先々で土地の人や別の旅人と交わす雑談にあるとも言えます。

もう１つ、食事も重要な要素です。どちらか一方が食事中でなかったら、話は始まらなかったでしょう。事実、私は、東京駅を出て品川駅を過ぎるまで本を読んでいましたし、食事時でなければ、そのまま本を読み続けていたはずです。夕刻でもあり、眠るかもしれなかったし、書類を拡げて仕事を始める可能性もありました。中年男が一人で新幹線に乗っていて、本も読まず、仕事もせず、睡眠もとらず、ただボーっとしていることはほと

んどありえません。読書や仕事や睡眠をしている相手に話しかけることは通常ありません。食事は、起きて意識があるにもかかわらず、警戒を解いていて話しやすい状態と言えます。

お互いが一人であったことと、食事を取ろうとしていたこと。これが、H氏と私に雑談の場を与えたことになります。

余談ですが、私が小学生の頃、給食の時間に話をすると叱られた記憶があります。クラス全員が野放しに話し始めるとうるさくて仕方がなかったからか、それとも、食べ物を口に入れたまま喋ってはいけないということを徹底させたかったのか。いずれにしろ、数十年前の給食のまずさとも相まって苦痛の時間だったことを覚えています。話を戻しましょう。

次に、話しかけたという行為です。場が与えられても実際に話しかけるという行為をしない限り、その後の雑談は起こりません。話し始めるということは、初対面に限らず、極めて重要です。パソコンの起動や飛行機の離陸と同じように、最初のスタートにはそれ以降に比べて格段のエネルギーが必要となります。ゼロからの加速が最もエネルギーがいることは、話をする場合であっても同じなのです。

雑談の場が自然発生的に出来上がり、その上で、話しかけた。これが、H氏と私の雑談が始まった理由です。

† 5.4 自己開示と共通点

雑談においては、ある程度、自分自身に関する情報を伝えることが必要であり、これを自己開示と言います。マイケル・S・ガザニガ『人間らしさとはなにか？』によると、「会話の中身の三分の二は自分に関する打ち明け話」(p. 139) だそうですし、森川知史『確かな人間関係のためのコミュニケーション論』は、「親しく語り合える他者を得るには、自分について語ることがなければならない」(p. 189) と主張しています。これは初対面の場合に限らず、知人との雑談であっても同じです。自分の経験や知識や思考をまったく話さずに雑談することはほぼ不可能です。

お互いが自己開示をすると、何らかの共通点が見つかるはずです。共通点が見つかれば、それが話題になり、さらに自己開示が進むという循環が始まります。初対面であれば、自分の仕事や勉強の内容、趣味、出身地など、知人であれば、最近、身の回りで起きたことや、読んだ本、見た映画など、そういった情報を伝えることによって、共通の話題に発展していきます。

　H氏と私の場合も、仕事や学生時代についての自己開示をしているうちに、共通点が見つかりました。お互いに、出身地から遠く離れた大学に行ったこと。大学に入ったときは、物理系を志望していたにも関わらず、成績の関係で化学系に回らざるをえなかったこと。社会人になってから、7年間、単身赴任を経験したこと。そういった共通点が見つかって、さらに話が弾みました。

　ただし、初対面の場合、自己開示の仕方は慎重でなければなりません。お見合いや面接試験でもない限り、自分に関する情報を一度に開示するのは不自然です。また、あまりにも個人的な情報を開示することは避けるべきでしょう。情報を与えられすぎた場合、聞き手は「この人は何の目的でここまで自己開示をするのだろう」という不信感を持ちます。コミュニケーションにおける防衛本能と言ってもよいかもしれません。

　仮に、自己開示をしたくないという場合でも、共通の話題は2つ存在するはずです。1つは、その場で共有しているものです。窓から見える景色、壁に掛かっている絵、聞こえてくる音楽、目の前にある食事、天気や気温など、その気になれば話題はすぐに見つかります。H氏と私の場合ならば、スーパードライとシュウマイ弁当が話題になったのは、言うまでもありません。もう1つは、最近のニュースや話題のイベントなど、誰もが知っていそうな話です。ただ、その場合も、後述するように、政治と宗教に関する話題は避けたほうが無難でしょう。

† 5.5 自慢話と自虐ネタ

　自己開示の際に、もう一つ、気をつけるべきことは、自慢話です。自慢話をしてはいけない理由は、人間の動物的な本能に根差すと考えられます。動物が縄張りや異性を取り合おうとするとき、身体や鳴き声の大きさで勝負がついてしまい、肉体的な戦いにはならないことがあります。言語という武器を持った人間にとって、自慢話は自分の身体を大きく見せる威嚇行為と同じです。

　自分が自慢をしているつもりはなくても、聞いた相手が自慢話だと思ってしまうこともあります。たとえば、仕事や勉強の内容は問題ありませんが、会社名や大学名を最初に出すことは避けたほうがよいでしょう。大企業や有名大学の場合は、自慢話と思われる可能性があるからです。

　1つだけ、問題のない自慢話があるとすれば、お国自慢です。お国自慢は、その土地の名産品、名所・旧跡、気候や地形などが多く、聞き手も観光案内を聞いているように楽しむことができます。

　また、自慢話の反対である自虐ネタは、たいていの場合、OK です。自分の成功を自慢するのではなく、失敗談を語ってください。そのときにも、「いつ、どこで、なぜ、何を、どうした」という具体性が必要です。具体性がなければ、聞き手は反応しようがありません。

† 5.6 趣味の話

　無難な自己開示の1つが、趣味に関することです。しかし、その場合も注意が必要です。自分がハマっている趣味について語るのは誰にとっても楽しいもので、つい饒舌になりがちです。話している自分はそれで満足かもしれませんが、聞き手がその趣味についてよく知らない場合、いきなりその世界に引きずり込まれても戸惑うだけです。

たとえば、自分がロールプレイングゲーム（RPG）[12]にハマっていて、RPGをあまり知らない人にその話をしたい場合を考えてみましょう。RPGのゲームの名前やキャラクターの名前をいきなり出すのはNGです。まず、RPGが「ロールプレイングゲーム」の略語であることから始めて、それがどういったゲームなのか、どこが面白いのかを説明します。その上で初めて、自分が一番好きなゲームの名前を出していけば、RPGを知らない人でも楽しく話を聞いてくれるでしょう。これは、バイク、鉄道、アニメなど、他の趣味についても同じです。

†5.7 政治と宗教はタブー

　話題としてタブーと言われるのが、政治と宗教の話です。政治と宗教は、その制度や歴史についての客観的な説明を聞くだけであれば、雑談の話題にすることもできます。たとえば、米国大統領選挙の仕組みはどうなっているか、共産主義とはどういう考えかたか、仏教と神道は何が違うか、イスラム教はどうして始まったか。誰かが疑問を持って、他の人が経験や想像も交えてそれに答えたり、スマホで調べたりする。ここまでならば、雑談として問題はありません。

　ところが、多くの場合、政治や宗教の話は、そこで留まりません。客観的かつ一般的に話しているつもりであっても、生活様式や精神面に深く入り込んでしまうことが多く、何らかの価値判断が入ってきます。その結果、「その考えかたは間違っている」といった各個人の信条や価値観に対する攻撃に繋がってしまうこともあります。

　私自身の経験を紹介しましょう。高校時代の友人数人でお酒を飲んでいたときのことです。どういうきっかけからか、ある政治家の話になりました。私は、その政治家の支持者というほどではありませんが、彼の政策に部分的に賛成していました。ところが、その政策によって個人的な不利益

---

[12] role-playing game の略。コンピューター上で、物語の登場人物に成りきって戦ったり恋愛をしたりするゲーム。

を被ることを理由に、友人の一人が、非常に感情的にその政治家の非難を始め、最後には「殺したい」とまで発言していました。留まるところを知らない彼の非難は座を白けさせ、それ以降も、彼と話す気にはなれませんでした。

こういった点を考えると、少なくとも初対面の相手と雑談する場合、政治と宗教の話は避けたほうが無難でしょう。H氏との雑談の際にも、この2つの話題は出てきませんでした。

†5.8 悪口の危険性

面と向かって相手を責めるのは、当然のことながら、雑談ではタブーです。自慢話は威嚇であると述べましたが、聞き手自身を悪く言うことは文字通り攻撃です。明確な目的を持った話し合いの場では、その場にいる誰かを批判せざるを得ないこともあるかもしれませんが、雑談では不要です。

話し手も聞き手も知っている、その場にいない第三者の陰口も言うべきではありません。その第三者が目の前にいても納得してもらえるような客観的で妥当な批判であればよいでしょうが、陰口は、たいていの場合、感情的で主観的な攻撃になってしまいます。

有名人や社会的組織に対する非難も微妙なところです。仮に、企業や公共団体などを非難したとき、聞き手やその家族が企業の社員や団体の一員であった場合など、気まずい雰囲気が流れます。事実に基づいた論理的な批判であればまだしも、感情的な非難をしてしまえば、その後の人間関係が壊れることさえあります。

†5.9 聞き上手

ここまでは、主に話し手の立場から説明してきましたが、「話し上手は聞き上手」という言葉の通り、話し相手として面白い人は、多くの場合、聞き上手でもあります。

聞き上手であることの基本的条件は、幅広い好奇心です。面白いと思って聞けば、どんなことでも面白く聞くことができます。

たとえば、雑談の相手がミミズの研究をしている生物学者だったとしましょう。一般の人にとっては「ミミズなんて気持ちが悪いだけで自分の人生には無関係だし、面白くもない」と思うのが自然なところかもしれません。しかし、それでは、自分の世界を広げるせっかくのチャンスを逃がしてしまうことになります。まず、なぜその人はミミズの研究をしようと思ったのか、ミミズの研究は我々の生活にどういう関係があるのか、ミミズは足もないのになぜ動けるのか、大地震の前にミミズが地表に出てくるというのは本当か。いくらでも質問は考えられます。

最初に面白くないと思ってしまえば、質問も思いつきませんし、実際に話を聞いても面白くありません。好奇心を持って質問することは、雑談の大きな要素と言えるでしょう。

その好奇心を、雑談の相手そのものに向けることもありえます。つまり、相手に自己開示を求めるような質問です。この場合に気をつけるべきことは、自慢話と同じです。「どんなお仕事ですか」とか「何を勉強されていますか」は問題ありませんが、会社名や大学名をいきなり聞くことは失礼に当たります。年齢や健康問題なども避けたほうがよいでしょう。

新幹線でのH氏と私の場合も、さまざまな個人的な話題を出しながらも、相手が自ら話し始めるまで、相手のプライバシーに関わる点を尋ねることはありませんでした。たとえば、私が大学で教えていることを話すと、H氏は、「最近の大学生はどうですか」と質問してきました。私は、自分が教えている大学と科目、授業の進めかたと学生の反応、我々自身が大学生だった頃との違いなどを話し、H氏も興味深そうに聞いてくれていました。

†5.10 節度と幅広い知識

雑談は、話し合いと異なり、達成すべき課題があるわけではありません。話し合いであれば、とことん突き詰めなければならない場合もあるかもし

れませんが、雑談はどこで終わってもよいのです。その意味で、雑談には節度が求められます。

　どのぐらい自己開示をするか、仕事や勉強についてどこまで詳しく話すか、相手の個人情報をどこまで聞くか。すべて、節度を心得るべきだと考えればよいでしょう。

　書き言葉と異なり、話し言葉では、相手の反応を瞬時に把握できます。節度を越えそうになったら、相手はそれに対する反応をするはずです。その反応を感じ取って、節度を守るように注意してください。

　最後に、もう1つ、雑談の技術の要素は、幅広い知識です。好奇心と節度に加えて、相手の話にいろいろな点からコメントができるような豊富な知識を身に付けて、雑談を楽しんでください。

†この章の参考文献

マイケル・S・ガザニガ『人間らしさとはなにか？―人間のユニークさを明かす科学の最前線―』柴田裕之訳、インターシフト、2010（Michael S. Gazzaniga. *Human: The Science Behind What Makes Us Unique*. 2008.）.

大坊郁夫編『幸福を目指す対人社会心理学―対人コミュニケーションと対人関係の科学―』ナカニシヤ出版、2012.

田中宏昌「ビジネスにおける協調的会話」則定隆男・椿弘次・亀田尚己編『国際ビジネスコミュニケーション―国際ビジネス分析の新しい視点―』所収、2010.

中西雅之『人間関係を学ぶための11章―インターパーソナル・コミュニケーションへの招待―』くろしお出版、2000.

村田和代、井出里咲子編『雑談の美学―言語研究からの再考―』ひつじ書房、2016.

森川知史『確かな人間関係のためのコミュニケーション論』京都書房、2011.

6 お願いの技術

† 6.1 お願いの頻度

　私たちの言語活動の中で、お願いは大きな割合を占めています。「ホントか？」と思うならば、今日の1日を振り返って、自分が何度お願いをしたか、考えてみてください（ほら、この文もお願いの文です）。家族と住んでいるならば、食卓で醤油を取ってもらうとき、トイレを待っているとき、親から交通費をもらうとき。外に出れば、先生に質問するとき、店に入って物を買ったり食事を注文したりするとき。我々の生活はお願いの言葉で満ち溢れています。そして、ここに挙げた程度のことであれば、たいていの場合、そのお願いは叶えられます。逆に、見知らぬ人にいきなり食事をおごってくださいと言ったり、まったく出席していない授業の単位をくださいと言っても、その願いは叶えられません。つまり、多くの場合、お願いする前にその答えを知っているわけです。

　しかし、実は、その中間のグレーゾーンの場合も、意外と多くあります。それを「どうせダメだろう」と思って、お願いする前に諦めてしまう人もいるのではないでしょうか。それは、大袈裟に言えば、人生を損しています。ダメ元でお願いをすれば、もしかすると叶ったかもしれないことを、「どうせダメだ」と思うことで逃がしてしまっているかもしれないのです。人生を損しないためにも、お願いの方法を考えていきましょう。

† 6.2 お願いの理由

お願いをするとき、最も重要となるのが、理由です。なぜその人にお願いするのか。なぜ自分ではできないか。なぜその金額なのか、なぜその日時なのか、なぜその場所なのか。その理由を明確にしなければ、相手は納得しません。自分の勝手な都合だけで「そこをなんとかお願いします」というだけでは説得することはできません。

たとえば、予定されていた締め切りまでにレポートを提出することができそうにないので、締め切りを延ばしてほしいと、先生にお願いする場合を考えましょう。まず、延期してほしい理由を明確に伝えます。体調が不良だった、部活の遠征がある、従姉の結婚式がある、祖母が亡くなった、など。どういう理由であれば延期してもらえるのかは相手によりますが、事前にわかる情報は必ず前もって伝えてください。部活の遠征や従姉の結婚式は事前にわかっているはずですから、締め切り直前に延期をお願いするのではなく、レポートの話を聞いたらすぐにお願いに行くべきです。

† 6.3 お願いの相手

レポートの締め切りを延期するお願いの場合、その相手は必然的に、レポートを課した先生です。例外的な処理をしなければならないという点では余分な仕事が増えますが、その先生にとって特に大きな負担になるわけではありません。

しかし、何人もの候補者の中から誰かを選んで何かをお願いする場合、たいていは、何らかの負担を相手に求めることになります。そのため、お願いされた相手は、なぜ自分であるのかを知りたいはずです。次のような点を考え、適切な相手を選んでお願いする必要があるでしょう。

(a) お願いを受け入れてくれる人間関係ができているか

（b）相手はお願いを実行する力があるか
（c）相手は時間的・精神的余裕があるか
（d）相手にメリットはあるか

　1つずつ、見ていきましょう。
　まず、お願いしようとする相手との人間関係は大前提です。商店で品物を買う場合であっても、一度も行ったことのない店ではなく、いつも買っている店のほうが安心感があります。ビジネスとしてのお願いであっても人間関係が影響するわけですから、ビジネスでない場合、人間関係のないところにお願いは発生しないと言ってよいでしょう。そういう意味では、お願いできるような人間関係をできるだけ広げておくのが得策です。良好な人間関係があれば「アイツの頼みなら仕方ない」と思って、少しぐらいの無理ならば聞いてもらえるかもしれません。
　ただし、人間関係はお願いの始まりであって、終わりではありません。友だちだからと言って、お願いをすべて聞いてくれるわけではありません。「友だちだから頼んだのに、やってくれない」と考えたとしたら、それは一種の甘えです。
　人間関係を前提として、その次の条件は、相手の能力です。たとえば、数学が不得意な友人に数学を教えてほしいと言っても不可能でしょうし、いつも「お金がない」と言っている従兄に借金を頼んでも無理な話です。つまり、こちらのお願いを相手が実行する力を備えているかどうかが2つめのポイントです。それに、「能力があるあなただからお願いしたい」と言われれば、お願いされた相手も悪い気はしません。
　3つめは相手の都合です。人間関係があり、相手にそのお願いを実行してくれる能力があったとしても、今度はそれを実行する時間的・精神的な余裕があるかどうかです。数学が得意な友人に数学を教えてほしいというお願いは妥当ですが、その友人自身も勉強の時間が必要でしょう。時間的な余裕があっても、仮に、何かの試験に落ちたり、肉親を亡くしたりした直後であれば、精神的な余裕がないはずです。そういった相手の都合も考

慮に入れてください。

　最後に、相手のメリットです。お願いをする自分は、それを誰かが聞き入れてくれればメリットがあるわけですが、お願いをされる相手はそうとは限りません。相手にとってメリットとなる方法の１つは、品物や食事でお礼をすることです。その場合も、品物は確実に相手が気に入るものでなければ意味がありません。私自身、何かのお礼に、自分が好きでない食べ物をもらって困った経験があります。また、食事に招待するのも、相手の時間を使うことになりますし、下心があるように疑われる場合もあるので、充分に注意してください。それから、金銭によるお礼は相手がプロでない場合、却って失礼になるのでお勧めしません。

　逆に、もし、相手がその道のプロの場合は、友だちであっても１つのビジネスとしてお願いするのが常識です。たとえば、絵が好きで似顔絵描きが得意な友だちがいたとします。その人が、普通の学生や会社員の場合、休日に自分の似顔絵を描いてもらって、お礼にお菓子でも持っていくというのは問題ありません。しかし、もしその友だちがプロ、または、プロの卵である芸術学科の学生だとすれば、対価を支払うのが妥当です。プロだから簡単にやってくれるだろうと思うのは失礼です。プロだからこそ、どんな仕事にも手を抜きません。だから、やってくれた仕事に対しては、友人であっても、お金を払うのは当然だと考えてください。

　プロでない場合のお礼に話を戻しましょう。万一、品物などのお礼ができない場合でも、相手にとって何らかのメリットは提示すべきでしょう。たとえば、能力を伸ばすことができたり、人間関係を広げるきっかけになったり、自分の存在をアピールできることなどは、相手にとってのメリットと言えます。

　逆に言えば、相手にとってどんなメリットも考えられない場合、お願いを断られる可能性は高くなります。行き当たりばったりではなく、その相手にお願いする明確な理由に基づいて、お願いする人を探してください。

†6.4 お願いの具体性

適切な相手がお願いを受け入れてくれそうな場合、次に重要となるのが、内容に関する以下のような具体的説明です。

(a) 目的は何か
(b) 自分はどこまでやったか、相手に何をやってほしいか
(c) どんな手順か、作業に必要な環境や道具はどういう状況か
(d) 締め切りはいつか

これも1つずつ、見ていきましょう。

自覚していない場合もあるかもしれませんが、およそ、人間の行動のほとんどすべてが、目的を持っています。自分一人の行動ならば、その目的を明確にする必要はありませんが、誰かにお願いをする場合、その目的を明確に言葉で表さなければなりません。いつも、その作業をしている自分、もしくは、自分の仲間であれば、言わなくてもわかることが、初めてお願いをする相手の場合、伝わっていないこともよくあります。

次に、お願いする内容に関して、自分はどこまでやったのか。相手には何をやってほしいかを明確にします。そのためには、まず、お願いする作業の全体像を提示します。そのうち、自分でこの部分まではやったが、知識がなかったり、時間がなかったりするために、相手にはこの部分をやってほしい、ということを明確に伝えます。逆に、する必要のないことも伝えておいたほうがよいでしょう。もう一つ、距離・時間・体積・重量・数量・金額などは数字にしたほうが正確です。人物・組織・商品・場所などは固有名詞を伝えておいたほうがわかりやすい場合もあるでしょう。

失敗例として、企業に勤めている、私の友人の話をしましょう。K氏と呼ぶことにします。K氏は、その企業で海外営業を担当しています。あるとき、国内営業部の会議をするので、参考として、海外営業の話もしてほ

しいと上司に言われ、普段は出ていない会議に出席することになりました。話すべき内容について具体的に上司から聞いていなかったK氏は、国内とは異なる海外への販売形態の方法について話をしました。ところが、会議が終わった後で、その上司から「海外での現在の市場動向について話してほしかった」と言われたのです。国内営業部の会議にいつも出席している上司は、その会議では市場動向について話すのが当たり前だと思っていたようですが、初めて出席したK氏はそんなことは知りません。上司がK氏にお願いをするときに「海外での市場動向を報告してほしい」と言ってあれば、こういうすれ違いはなかったわけです。明確に伝えていれば省くことができた無駄が、情報を伝えていないために起きてしまう。そうならないためには、お願いする相手がわかっていると思うことであっても確認することが必要です。

　3番目は、そのお願いを実行してもらうための手順や手段です。これも、普段、自分がやっているときは、既に頭の中に入っているでしょうが、誰かにやってもらう場合、その相手は、作業環境や道具についての情報を持っていないという前提で伝えておくべきです。

　たとえば、普段は自分が晩御飯を作っているが、仮に、ある日だけ、お兄さんにお願いしなければいけないと考えてみてください。料理の経験があったとしても、普段、家の台所に立っていないお兄さんは、鍋やフライパン、調味料、米の位置を知らないかもしれません。また、右端のガスコンロが壊れていたとしても知らないでしょう。そういった情報をあらかじめ伝えなければ、快くその日の料理番を引き受けてくれても、後で愚痴を言われる可能性大です。

　最後に時間に関する制約です。お願いする内容は、いつ頃始めて、いつまでに仕上げるべきか。急ぎの作業であったり、相手が多忙だったりする場合は、お願いの最初に時間的制約を伝えたほうがいいでしょう。また、自分にとって重要なお願いでも、相手にとっては他人事です。その結果、締め切りを伝えておいたにもかかわらず相手が忘れていることもあります。そんなとき「頼んだのに締め切りまでにやってくれなかった」と相手

を責めるのは筋違いです。締め切りは一度だけ言うのではなく、何度かに分けて伝え、進捗状況を確認するのが賢明です。期間にもよりますが、最初にお願いするとき、しばらくしてから、締め切り直前の3回ぐらいが妥当でしょう。

　さらに、ここまで述べてきたことは、口頭でお願いする場合であっても、見てわかるように書いて伝えておくほうが無難です。たとえば、目的・具体的内容・道具や環境・締切を紙に書いて渡しながら説明すると、相手も行動しやすくなるはずです。

† 6.5 お願いの表現と謝辞

　当然のことですが、お願いするときは、敬意を持って丁寧な表現を使います。適切な敬語を使い、感謝の言葉を述べます。親しい相手に改めて感謝の気持ちを伝えるのは、少し気恥ずかしいと思う人もいるかもしれませんが、「ありがとう」の一言があるのとないのとでは、その後の人間関係に影響します。自分が感謝していることを素直に伝えてください。敬意の表しかたについて復習するためには、第4章を再読してください。

† この章の参考文献

野田尚史・森口稔『日本語を話すトレーニング』ひつじ書房、2004.

7 話し合いの技術

†7.1 雑談と話し合いの違い

　第5章で取り上げた雑談と、ここで取り上げる話し合いの違いの1つは、目的です。雑談は話すこと自体、または、話すことによって相手と人間関係を築くことが目的です。そして、通常、その目的は意識されることはありません。一方、話し合いは明確な目的を持っています。計画を立てる、トラブルを解決する、データを分析する、情報や知識を共有するなどその内容はさまざまですが、目的があることに変わりはありません。

　もう1つの違いは人数の違いです。雑談は2人から多くとも7・8人程度の少人数で進んでいくものであり、それ以上の人数になれば、1つの話題または1つのグループとして雑談することは不可能でしょう。一方、話し合いは、2人で行う場合もあれば、数百人になることもあります。たとえば、衆議院の定数は475人であり、衆議院本会議ではこの人数で話し合いが行われます。

　また、目的や人数によって、話し合いは一定の場所や時間を設けることもよくあります。雑談は自然発生的に始まり、話の内容とは無関係に終わりますが、話し合いは何らかの形で始まりの合図があります。親しい2人がプライベートなことを話し合う場合ですら、「相談があるんですが」とか「ところで、この間の件はどうなった？」のような、いわば、暗黙のモード切替の瞬間が存在します。それまでは、漫然と雑談していた2人が、こ

の瞬間、話し合いに入ることになります。つまり、明確な目的を持つわけです。そうなると、雑談のように勝手にその目的から逸れた内容を話すことは、親しい相手であっても失礼になります。そして、話し合いが終わるときも、我々は「じゃ、そういうことで、よろしく」などと、1つのケジメをつけるのが普通です。

たった2人の場合であっても、雑談から話し合いに入る瞬間はあるわけですから、大人数での話し合いの場合は、もっとはっきりと「では、会議を始めます」のような言葉が最初にあり、「以上、お疲れ様でした」のように終了の宣言があります。

本章では、話し合いにおける進行役、記録係、その他の参加者の3つの観点から、話し合いの際の注意点を説明します。大学を出て社会に出れば、いろんな話し合いの機会があるので、ここで述べる注意点を念頭に置いて、有意義な話し合いができるようになっていってください。

†7.2 話し合いの進めかた

話し合いは次のような形で進めていくのが効率的です。

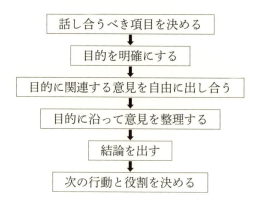

1つずつ、見ていくことにしましょう。

†7.3 話し合う項目を決め、目的を明確にする

　まず、話し合うべき項目が複数ある場合、それぞれの優先順位と目的を明確にする必要があります。その日に結論を出さなければならない項目や、短時間で簡単に済ませられる項目は、先に片付けます。次回の話し合いに持ち越してもいい項目や、長時間かかりそうな項目は、後回しにします。
　たとえば、40人ぐらいのボランティアサークルでの話し合いを例に取ってみましょう。サークル内で6つか7つぐらいの部門に分かれていて、その部門リーダーが集まって話し合うと仮定します。その日は以下の項目が議題にあがっているとしましょう。

（a）新入生歓迎会について
（b）来年度のサークル代表候補
（c）各部門の活動報告
（d）部門間の予算配分
（e）他大学と作っているボランティア協議会への提出文書

　この中で最も簡単にすますことができるのは（c）の活動報告でしょう。他の部門がどういう活動をしているか、情報を共有するだけですから、意見の食い違いなどはなさそうです。逆に、時間がかかりそうなのは（d）の予算配分かもしれません。それぞれの部門は、やはり、少しでも多くの予算を取りたいでしょうから、利害が対立します。また、（b）も、誰もが納得するような候補がいるのか、リーダーを出した部門が得をするのか損をするのか、などによって意見が分かれそうです。（a）や（e）は担当者を決めるところに時間がかかるかもしれませんが、サークル代表のように重い役割ではないので、意外とスムーズかもしれません。
　ただし、それぞれの締め切りや対外的なことも関係します。（a）や（b）はサークル内部のことなので、締め切りは少々融通が利くでしょうが、（e）

は外部に提出することを考えると、締め切りは厳守しなければなりません。それぞれに具体的な条件を設定して、項目の順序を考えてみてください。

†7.4 意見を出し、整理する

　項目の優先順位が決まり、目的が明確になれば、まずは、いろいろなアイデアを出し合います。話し合いの時間制限にもよりますが、どんなアイデアも否定や批判をせずに、思いつくままにいろいろと出してみます。つまり、アイデアの質は気にせず、とりあえず量を出していくわけです。こういう方法をブレーンストーミングと言います。ブレーンストーミングの時点では、あまり現実的に考える必要はありません。たとえば、大学祭の企画を考える話し合いであれば、飲食店、お化け屋敷、ライブハウス、シンポジウムなど、とにかく思いつく限りのことを出していきます。

　ブレーンストーミングの段階が終わると、今度は、現実的な条件を考慮しながら、アイデアを整理して絞り込んでいきます。ブレーンストーミングは、いわば理想論ですから、時間、費用、場所、人数、能力など、現実的な制限がかかるものは外していきます。もちろん、すべてを否定する必要はなく、実現には少しハードルが高いが素晴らしいアイデアというのは残しておいてよいでしょう。いきなり1つに絞っていくのではなく、いくつかの候補を残しておいたほうが、広がりが出てきます。

†7.5 結論を出し、次の行動を決める

　残ったアイデアから1つに絞り込んでいく方法は場合によってさまざまです。その場にいる最高権力者が決める、多数決で決める、今は決めずに、後日、もう一度話し合って決める、他の人に決めてもらう、などです。たとえば、大阪では、大阪市と大阪府を1つにまとめる大阪都構想というアイデアが政治家から出てきましたが、それを最終的に決めたのは2015年の住民による投票です。つまり、アイデアを出した人々とは異なる人間が

決めることも実際にあるわけです。

　そして、結論が出た後は、具体的な行動についても、決めておく必要があります。誰が、いつまでに、何をやるのか。多くの場合、話し合いの先には何かの行動があり、そこまで決めなければ、話し合いの意味がありません。

†7.6 話し合いの進行役

　話し合いの人数が6人ぐらいになると、進行役が必要となってきます。ある研究によると、授業でのグループディスカッションでは4人程度が一番効率的であるという結果が出ていますが、いつでも4人でできるとは限りません。その人数を超えるようならば、誰かが進行役となったほうが効率的です。進行役は、「司会」「議長」「コーディネーター」「ファシリテーター」など、役割や権限によって呼びかたが違うようですが、ここでは「進行役」という一般的な名前で説明していくことにします。

　普通の人にとって、話し合いの進行役をする機会を持つことはさほど多くはないかもしれません。仮に、10人で会議をしたとしても議長は1人であり、他の9人はその役目にはつかないわけですから、単純な確率からしても10回に1度回ってくるだけです。また、話し合いによっては、常に議長や司会が決まっていることもあります。ピラミッド型の組織であれば、底辺に位置する人間が進行役を務めることは少ないでしょう。

　いずれにしろ、進行役はなかなかハードな役目です。まず、すべての参加者の発言に耳を傾けなければなりません。いくらバカバカしい意見であっても、取るに足らない発言であっても、それを会議の流れの中に取り込むか却下するかを決めるためには、とりあえずその内容を聞く必要があります。また、いかに退屈であっても、進行役に居眠りは許されません。そして、会議のスムーズな流れや出席者の満足感は進行役の力量にかかっているのです。

　その進行役を上手にこなすためには、以下の点に気をつけてください。

- 参加者の発言をコントロールする
- 意見を整理し、確認する
- 中立を保つ
- 時間を厳守する

それぞれについて詳しく見ていきましょう。

† 7.7 参加者の発言をコントロールする

発言をコントロールすると言っても、意図的にある方向へ誘導することではありません。進行役が行うべきことは、まず、できるだけ多くの参加者に公平な発言の場を与えることです。特定の参加者だけが話しすぎたり、意見を出すべきところで沈黙を守ったりするような参加者がいないように気をつけます。そのためには、自由に発言してよいことにするか、挙手してもらって進行役が指名するか、そういったことも決めなければなりません。

また、当然のことですが、一人が発言しているときは、他の参加者にその発言に耳を傾けるように促します。発言の趣旨がわかりにくい場合は、要点を確認する必要もあるでしょうし、長すぎる発言や目的から外れた発言には注意を与える必要もあります。

† 7.8 意見を整理し、確認する

前述のブレーンストーミングで出てきた意見を整理する際には、進行役が中心的な役割を果たします。そのためには、全員が見えるような形で、ホワイトボードに書きながら話し合いを進めたり、わかりにくい発言は内容を確認しながら進めます。また、それぞれの発言内容が類似か対立か、など発言同士の関連性についても整理していくべきでしょう。ただ、意見

を整理するというのは、かなり大変な作業です。最初からうまくできることは、あまりないので、いろいろな場で練習を積み重ねていってください。

†7.9 中立を保つ

進行役は、その話し合いにおける最高権力者とも言えます。だからこそ、進行役は1つの意見に偏らず、できるだけ中立を守り、自分の意見を出すのは最後にすべきです。進行役の考えかたが入るのは、他人の意見をまとめるときだけにしたほうがよい場合すらあります。

†7.10 時間を厳守する

第3章でもお話ししたように、話し言葉は否応なく時間を消費します。そのため、始まりの時間と終わりの時間を厳守することは最も重要です。

話し合いを始める時間に遅刻しないようにすることは、参加者全員にとってのマナーです。しかし、絶対に遅れてはならないのは、話し合いの進行役、議題の中心人物、組織のリーダーの三者です。仮に、他の参加者が遅刻しても話し合いを始めることはできますが、この三者が遅れると話し合いが始まらず、他の人の時間を盗むことになってしまいます。

終わりの時間については、通常の話し合いならば、2時間が限度です。現実的には、1時間半で終わることを目標として、少し長引いても2時間以内に終わるのがよいでしょう。大学の授業が1時間半であることを考えても、その辺りが妥当な長さです。

†7.11 記録係

話し合いの中で、進行役に続いて重要な役割が記録係です。話し合いの内容を一字一句記録することは不可能ですし、あまり意味もありませんが、整理された意見や、最終的な結論、これからの行動予定などは、記録しな

ければなりません。

　そういう意味で、記録係は、話し合いの流れを的確に理解する必要がありますし、万一、どう記録してよいかわかりにくい場合は、その場で確認してもかまいません。たとえば、「Aさんは今…と仰いましたが、つまり、△△△ということですね」というような質問です。本来、わかりにくい発言を整理するのは、進行役の仕事ですが、記録係もある程度、そういった権限を持っていると考えてよいでしょう。

　話し合いの後は、その記録をわかりやすく整理して参加者全員に見てもらい、確認を取って正式な議事録とします。

† 7.12 参加者の心得

　進行役や記録係に限らず、効率的に話し合いを進めるためには、参加者全員が次の点に気をつけなければなりません。

- ・事前準備を行う
- ・発言する
- ・論点を明確にする
- ・表現に気をつける

　これも1つずつ見ていきましょう。

　話し合いの前には、話し合うべき項目が事前に知らされていたり、資料が配布されたりすることがあります。その場合、話し合いの場で初めて議題について考えたり、資料を読んだりするのではなく、事前に準備をしておいてください。事前準備が充分でないと、自分だけでなく、他の人々の時間まで無駄にしてしまう可能性があります。

　話し合いの場に臨んで、まったく発言しないのでは、そこに出席する意味が半減します。自分の意見を言ったり、他の人が知らない情報や知識を伝えたりすることで、話し合いのグループに貢献してください。わからな

い点があれば、質問することも重要です。自分だけではなく、他の人も疑問を抱いている可能性もあるのです。

　発言するときは、自分が何を伝えたいのか、明確にしてください。意見なのか、事実なのか、質問なのか。他の人の意見に賛成か、反対か。言いたいことが複数ある場合は、最初に、その数を言うのもよいでしょう。また、一度に多くのこと発言しすぎることも避けたほうがよいでしょう。言いたいことが 10 個あったとしても、一番言いたいこと 3 つ程度に絞るのが無難です。

　また、専門的すぎる用語を使ったり、他の人の意見を頭から否定したり、差別的な表現を使ったりしないように気をつけましょう。目上の人や知らない人がいる話し合いならば、敬語にも気をつけておきたいものです。専門用語を使ったほうが説明しやすい場合は、まず、その専門用語自体を解説してから、話し始めてください[13]。

†7.13 話し合いの後

　前述したように、話し合いの後は、議事録を見て確認します。万一、議事録が間違っていると思った場合は、それを記録係に伝えて修正してもらわなければなりません。そして、話し合いで決まった各自の行動を開始する必要があります。話し合いに欠席した場合も、今後のことを考えて、議事録には目を通しておきましょう。

　話し合いの後で、決してやってはならないのは、決まったことに対する感情的な反論です。状況が変化したり、新しい事実がわかったりして、決定事項を修正しなければならない場合もありますが、単に、自分の意見と異なるからという理由で、決定事項に従わない場合、能力だけでなく人格まで疑われてしまいます。

---

[13] 専門用語の扱いかたについては、拙著『テクニカルコミュニケーションへの招待』を参照。

† この章の参考文献

小林理紗、米谷雄介、永岡慶三「フェルミ推定を用いた効果的なグループディスカッションの構成人数の考察」『日本教育工学会研究報告集』15 (1)、2015：533-540.
森口稔『テクニカルコミュニケーションへの招待』三省堂、2013.
山田豊、横舘暁郎『会議の上手なやり方が面白いほどわかる本』中経出版、2007.

8　人前で話す技術

† 8.1 コミュニケーションの2つの側面

　人間のコミュニケーションには、大まかに2つの側面があります。1つは、知識や情報を相手に伝えることを目的とした「理」の側面であり、もう1つは、相手との人間関係を作り出すことを目的とする「情」の側面です。その2つは複雑に絡み合っているため、明確に分離することはできませんが、コミュニケーションの場によって重視する側面が異なります。たとえば、大学の授業や会社の戦略会議は「理」的なコミュニケーションであり、友人と食事をしながらの雑談は「情」的なコミュニケーションです。そうは言っても、授業や会議でも「嫌いな」先生や「優しい」上司というような気持ちは入り込んできますし、友人との雑談でも情報交換が行われます。ただ、コミュニケーションの場に身を置いたとき、その場がどちらの側面を重視しているか、意識しておいたほうがよいでしょう。

　人前で話す機会においても、「理」の側面が大きい場と「情」の側面が大きい場があります。そういった点も含め、手始めに、誰しも経験があり、今後も多くの機会がありそうな自己紹介から始めましょう。

† 8.2 自己紹介での名前と出身地

　たとえば、私が次のように自己紹介をしたとします。この自己紹介はど

んな問題があるでしょうか。

　「モリグチです。大阪出身で、趣味は音楽です。よろしくお願いします。」

　どんな場での自己紹介でも、名前は絶対に必要ですが、忘れがちなのは、下の名前です。絶対的なものではありませんが、フルネームを言うほうが印象に残ります。「田中」や「鈴木」など、よくある姓の人や、その場に同姓の人がいる場合は、下の名前も言うべきでしょう。

　名前について、もう一つ注意すべき点は、漢字です。上の例ではわざとカタカナで書きましたが、「モリグチ」は「森口」「守口」「盛口」など複数の書きかたがあります。実際、大阪には「守口市」という地名があるので、私も間違われた経験が何度かあります。そういう場合に備えて、「木のモリ」であることを説明します。下のほうの名前は「ミノル」ですが、これも「稔」「実」「年」などの漢字があります。この説明としては、「ノ木偏に、念仏の念」と言うことにしています。このように漢字が複数ある場合、自分なりの説明方法を持っておくと便利です。「古路」（ふるみち）、「妹尾」（せのお）、「東海林」（しょうじ）、「世良」（せら）など、読みにくい名前の人も、効率的な説明を自分なりに考えておけば役に立ちます。

　出身地は必須項目ではありませんが、自己紹介で話すこともよくあります。そのとき、都道府県だけですませるのか、市町村まで言うのかは、自己紹介をしている場所によります。近くであれば、「大阪の河内長野市」というように、市町村まで言うほうがわかります。かなり離れている場合は「北海道出身です」のように都道府県だけでよいでしょう。もし市町村まで言うならば、「札幌」や「函館」のように全国的に有名でない場合は、「北海道の留萌（るもい）というところの出身です。札幌より少し北の日本海沿岸にあります」のように、都道府県の中での位置についても説明しましょう。「留萌」のようにすぐに漢字が思いつかないような場合は、名前と同様、その漢字について説明すると親切です。たとえば、「留萌」ならば「停留所の留に、萌えです」と言えます。

†8.3 自己紹介で話すべきこと

　名前の次に話すべき内容は、自己紹介の場によって大きく異なります。「理」の側面が重視される場合は、その場に関連する能力や背景について自己紹介をし、趣味や家族などの個人的な話は避けます。たとえば、会社に就職して最初の職場で先輩たちに自己紹介するのであれば、趣味の話はするべきではないでしょう。

　一方、同じ職場の先輩であっても、新入社員歓迎会は、「情」的コミュニケーションの場です。その場合ならば、音楽の話も OK です。ただ、そのときも「私の趣味は音楽です」だけだと、具体性がありません。音楽を聞くだけなのか、自分も演奏するのか。クラシックか、ジャズか、ロックか。演奏するなら楽器は何か。好きなアーティストは誰か。具体的に述べるべき内容はいくらでもあるはずです。

　「理」的な場面での自己紹介は、名前や能力を知ることが目的ですが、「情」的な場面での目的は、人間関係づくりです。5章「雑談の技術」に書いたように、人間は共通点があることで親近感を覚えます。出身地、出身校、趣味、誕生日などが同じであることは、話すきっかけになります。それを伝える機会が自己紹介です。

　もう一つ、人の興味を引くのが特殊性です。珍しい名前、遠く離れた出身地、変わった趣味、誕生日が 2 月 29 日だったり、自己紹介の当日だったりすることなどは、誰かが声をかけてくれるきっかけになります。少し自慢話に聞こえるような高い能力を持っていることも、その場の雰囲気によってはアリでしょう。たとえば、囲碁や空手の高段者であったり、3 歳のときからずっとバイオリンを習っているなんていうのも、興味を持ってもらえるかもしれません。そして、その特殊性は、自己紹介の場によって異なります。たとえば、体育大学では、空手の高段者も珍しくないかもしれませんが、バイオリンを習っている人は、かなり面白い人と見られるはずです。

†8.4 スピーチとプレゼンテーション

　自己紹介以外にも人前で話す機会は年齢を重ねるごとに増えていきます。多くの人にとって、授業以外での最初の機会は、大学の卒業研究の口頭発表や、友人の結婚式でのスピーチではないでしょうか。サークル活動をしている人ならば、上級生として前に出て話す機会もあるかもしれません。そういった、人前での話には、大きく分けて、スピーチとプレゼンテーションの2種類があります。

　スピーチとプレゼンテーションは似て非なるものです。スピーチとは、通常、結婚式、卒業式、開会式などの式に付属するもので、目的は「挨拶」です。つまり、本来ならば、「おめでとう」や「がんばろう」という一言で済むべきところを少し長く時間を取って話すのがスピーチです。また、スピーチが「式」という儀礼の中で行われるものであると考えるならば、その内容や表現にも儀礼的なものが含まれることも多くなります。

　たとえば、結婚式のスピーチでは「切れる」「戻る」「分かれる」などの言葉は「忌み言葉」として回避するのが礼儀です。また、新郎新婦だけではなく、初めて会う親族に対しても「この度はおめでとうございます」というのが礼儀です。結婚式の場合は、子どものときのエピソードなどが披露され、その二人の人となりを知るための手掛かりとなる情報が含まれることもありますが、スピーチの目的は「おめでとう」という気持ちを言葉にすることと言えます。

　こう考えると、仕事の場でスピーチをする人はあまり多くありません。仮に社長や所長など「長」が付く人が年頭のスピーチや開所式のスピーチをするとしても、それは彼らの重要な仕事ではありません。私自身、企業に10年近く勤めていたとき、「長」と名のつく人のスピーチを聞いたことがありますが、毎年同じようなことを抽象的に繰り返すだけで、ほとんど内容はありませんでした。

　一方、プレゼンテーションを仕事の一環とする人は数多くいます。営業

担当者から顧客へ、商品開発担当者から営業担当者へ、部下から上司へ、研究者から研究者へ、プレゼンテーションの種類はさまざまです。

極論すれば、スピーチがうまくいかなかったとしても、ちょっと恥ずかしい思いをする程度ですが、プレゼンテーションに失敗すると、大きな損失を被ることもあるわけです。プレゼンテーションはそれだけ重要なものなので、最後の9章でじっくりとお話しすることにし、本章では、友人の結婚式でのスピーチを主な例として、人前で話す技術を紹介していきましょう。

†8.5 スピーチの内容

人前で話すことに慣れていない場合、原稿を書くことをお勧めします。その内容は、スピーチを頼まれた時点から少しずつ考え始めます。そのスピーチで何を言いたいか、それにまつわるエピソードとしてどんなことがあったか、ブレーンストーミングを始めてください。ブレーンストーミングでは、1つのトピックについてできるだけ多くのアイデアを自由に出します。また、この段階ではどんなアイデアも否定しません。第7章の「話し合いの技術」では複数の人間でのブレーンストーミングについて触れましたが、ここではそれを一人でやってみるわけです。

その際に重要なのは具体的なエピソードです。たとえば、新婦は非常に細やかな心配りができる人であることを言いたいとします。そのときは、「サークルのミーティングは、活動場所と違う部屋でやるんですが、いつも先に行ってエアコンのスイッチを入れてくれていた」というような実際のエピソードを紹介してください。それは、いつ頃のどこであった話で、そのとき誰が一緒にいたのか。聞いている人が、その状況を思い浮かべることができるように細かく描写していきます。そういう話のほうが、「細やかな心配りができる人です」と何度もいうよりも、聞いていて興味深く、説得力があります。

ただ、急いで原稿を書く必要はありません。ホームで電車を待っている

とき、食事の後に休憩しているとき、お風呂の中など、あれこれと考えていると、話すべき内容が、ある程度、定まってきます。正式な場でのスピーチを頼まれるのは遅くとも当日の2週間前まででしょうから、ブレーンストーミングの時間は十分にあるはずです。そして、スピーチの3日ぐらい前までに構想を固めてしまい、それまで考えてきた構想を一気に書き上げます。

† 8.6 スピーチの長さ

分量の目安としては、NHKのアナウンサーが原稿を読み上げる速度が1分で400字弱と言われるので、1分に300字から350字ぐらいを考えておけばよいでしょう。つまり、3分のスピーチならば1000字前後ということになります。5分としても約1500字、原稿用紙4〜5枚程度、Microsoft Word の初期設定ならば、A4で1枚と3分の1程度です。

仮に小学生や中学生のときに作文が得意でなかったとしても、1週間以上、駅のホームやお風呂の中でブレーンストーミングしてきたならば、原稿用紙4枚分ぐらいは書けるでしょう。もっと言えば、それだけブレーンストーミングしていれば、書きたくてうずうずしているはずです。それを紙面にぶつけていきます。最初の原稿はあまり整理されていなくてもかまいません。とりあえず思いついたエピソードや、伝えたい言葉を書き連ねます。とにかく書きたいことを書いてしまうわけです。

このとき5分間のスピーチなのに1000字しかできていなくても別に気にする必要はありません。言いたいことを書ききってしまったのに、まだ長さが十分でないからと頭をひねって絞り出すのは時間の無駄です。5分という長さは権利であって義務ではありません。つまり、5分までなら話してもらってよいですよ、ということであり、是非とも5分間話し続けてくださいということではありません。

逆に、5分を超えれば嫌がられます。3000字になってしまったら是非とも削らなければなりません。エピソードを2つ紹介しているなら、1つ

にしてください。あまり意味のない美辞麗句は割愛してください。スピーチは、超過するよりも短いほうが誰にとっても有り難いのです。

† 8.7 原稿の推敲

　1000字なり1500字なりの原稿を書き終わったら、推敲します。前述したようにスピーチの目的は挨拶です。「おめでとう」「ありがとう」「がんばろう」といった、そのスピーチで最も肝心な儀礼的ポイントが入っているかどうか、確認してください。スピーチの内容がいかに興味深くても、この儀礼的ポイントがなければ全体の価値がなくなります。また、そのスピーチを向ける最も中心となる人に対してだけではなく、その周囲の人々へも一言つけ加えることを忘れないようにしてください。結婚式ならば、新郎新婦だけでなく、その親類縁者の方々へのお祝いの言葉です。仲間内しかわからない表現や専門用語は入っていないか、紛らわしい同音異義語を使っていないか、一文が長すぎないか、具体的なエピソードが入っているか、などもチェックします。最後に、一度、声を出して読み、音読しにくいところを修正します。そうやって推敲が終わったら、その日の作業はそこで終わります。

　実際に書き始めてから、ここまでの時間は、2時間もあれば充分でしょう。スピーチは自分の本業の一環ではありませんから、それ以上の時間をかけるべきではありません。いろいろとブレーンストーミングをした後ならば、それ以上の改善はしにくいものです。

　原稿を書いた翌日、通学の途中や食事の際中になんとなく自分の書いた原稿を思い出すこともあるかもしれません。その場合、修正したいところや加筆したいところが出てきたら、家に帰って書き直します。しかし、始めから印刷して外出する必要はありません。この日は、むしろそれをしないことをお勧めします。自然と思い出すならばいいのですが、そうでない限りは、一度忘れてしまうわけです。

　さらに、その翌日、つまり、スピーチの前日になって、自分の書いた原

稿を読み返します。そうすると、中１日を空けたことによって、自分の書いた文章をより客観的に見ることができます。このとき、もう一度声に出して読んでおくのがよいでしょう。そのときに、家族や友人に聞いてもらうのもよいかもしれません。ただ、その人たちのアドバイスに耳を傾けるにしても、スピーチをするのはあなた自身ですから、最終的に修正するかどうかの判断は自分がします。これで原稿の完成です。

†8.8 練習の量

　原稿が出来上がったら、何度も練習したくなるでしょうが、スピーチの場合、それはお勧めしません。練習すればたしかにスムーズに原稿が読めるでしょうし、覚えるぐらい繰り返せば原稿なしで話すこともできるかもしれません。しかし、その必要はあるでしょうか。

　あまりにすらすらと読み上げるスピーチは、聞いていて却ってわかりにくかったり、心がこもっていないと感じたりすることがあります。誰もあなたのスピーチに流暢さは期待していません。

　結婚式の場面を想像してください。スピーチに立った人が、まったく引っかかりもせず、アナウンサーのように滔々(とうとう)と原稿通りに話したとすれば、聴衆はどのように感じるでしょうか。まるで舞台俳優のように、用意したセリフをすらすらと口に出したとすれば、どこかしら違和感を覚えるのではないでしょうか。そこまで行かなくとも、練習をして原稿が自分の口に馴染んでくると、どうしても早口になります。人前に立つときは、タダでさえ、動作や口調が早くなりますが、練習しすぎると、さらに拍車をかけることになります。

†8.9 スピーチ当日

　スピーチの日、最も気をつけるべきことは、忘れずに原稿を持参することです。同じものを２部打ち出して、別々のところに入れておいたり、原

稿のデータをスマホに送っておいたりするのもよいでしょう。

　原稿を忘れたとき、記憶に頼ろうとしても、たいていは失敗します。原稿を忘れてきたことに焦り、その内容を思い出せないことに焦り、しどろもどろになってしまう自分自身に対しても焦ります。万一、原稿を忘れた場合は、ブレーンストーミングに戻って、そこで考えたことを思い出してください。そのとき、話題は1つに限るべきです。原稿には3つ書いていたとしてもそれは原稿があるからできることです。原稿がない場合は、一番重要なエピソードだけをメモしておけばよいでしょう。

　そして、スピーチ本番。人前で話すときに緊張してしまう理由の1つは、「うまくやらなければ」と思ってしまうことです。思い出してください。誰もあなたのスピーチに期待していません。うまくやる必要はまったくありません。そう考えれば、少しは楽になるはずです。それでも緊張が解けないときは、いろいろな角度で口を開けて口の周りの筋肉の柔軟体操をしたり、手を上げたり膝の屈伸をしたりと体を動かしてみるとよいでしょう。

　スピーチが始まれば、やるべきことは、ブレーンストーミングの結果をまとめあげた原稿を丁寧に読むだけです。原稿を読むときに気をつけるべきことは、流暢さではなく丁寧さです。通常の自分の口調よりもゆっくりと読むことを心がけてください。繰り返しますが、人前に出ると、動作も口調も早くなりがちです。ゆっくり読むことを心がけてようやく普段程度のスピードになると思っておいてよいでしょう。ゆっくりと丁寧に読む。これが最も重要なポイントです。

† 8.10 人前で話すことが慣れている人について

　ここまでは、人前で話すことにあまり慣れていない人の話をしてきました。次に、ある程度慣れている人が気をつけるべき点を挙げておきましょう。

　まず、準備段階ですが、いかに慣れているとは言え、やはりぶっつけ本番で話すことは避けましょう。よほど慣れている人でなければ、その場の

思いつきでスピーチをしてしまうと、儀礼的なポイントを忘れてしまったり、暴露すべきでない内輪話をしてしまったり、辻褄の合わない話になったり、話が長すぎたりしてしまいがちです。原稿を書かないまでも、最低限、何をどんな順番で話すかは考えておきたいところです。

原稿を読み上げないということは、話ながらどこかを見ることになります。理想的には、聴衆の顔を万遍なく見て話しかけるのがよいでしょう。しかし、まだそこまで慣れていない場合は、とにかく顔を上げることです。最初は、一番後ろに座っている聴衆の1メートルぐらい上の空間を見ます。スピーチをする人は立っていて、聴衆は座っていることが多いので、視線を水平に保てば、聴衆の少し上の空間を見ることになります。そのまま話してもかまいませんし、そこから視線を降ろせば聴衆の顔を見ることになります。視線が落ちすぎて床を見ていると気が付いたら、また後ろの聴衆の上を見ます。そして、できれば、まっすぐ前を見るだけではなく、ときどき視線を左右に振ります。

もう少し慣れてきたら、実際に聴衆の目を見ながら話します。そのとき、同じ人ばかりを見ないように気をつけてください。自分の知っている人がいると、そこに自然と目が行ってしまうかもしれませんが、その人ばかりを見て話すのは不自然です。

もう一つ重要な点は時間です。ある程度話すことに慣れてくると、どうしても長くなりがちです。原稿があれば、それに縛られるので、話が長くなりすぎることは少ないでしょうが、原稿なしで話し始めて、ノッてしまった場合は要注意です。自分が気分よく話していても、聴衆がそれを楽しんでいるとは限りません。ダラダラと長い話より、短くてもパンチが効いた話のほうが聞いた人に良い印象を残します。

たとえば、私は友人の結婚式でスピーチを頼まれたとき、万葉集の歌を吟じたことがあります。天智天皇とともに大化の改新を行った藤原鎌足の歌です。

　　われはもや、安見児得たり。皆人の得難にすとふ、安見児得たり。

藤原鎌足は、どこかしら冷徹な印象を与える政治家ですが、この歌では「安見」という女性と結婚できた喜びを素直に表しています。スピーチの最初に節をつけてこの歌を吟じ、内容を簡単に解説し、その日の新郎も同じ気持ちなのではないかという話をして、もう一度歌い、お祝いの言葉を述べて終わりました。時間的には3分もかからなかったと思いますが、ウケはよかったようです。

† 8.11 上級者向けテクニック

さらに、上級者のためには、聴衆を引き付ける次のようなテクニックがあります。ここではそれについて考えておきましょう。

- ジョーク
- 先人の言葉
- 質問
- 小物

‡ 8.11.1 ジョーク

誰もが思いつくにもかかわらず、意外に難しいのがジョークです。普段から冗談を言い慣れて、周囲にもウケることが多いのでなければ、スピーチのときにジョークを言うのは避けたほうが無難です。日常生活とは異なり、儀礼的な面からの制約がある上に、日常生活の少人数での会話におけるジョークと、スピーカーと聴衆がはっきりと区別される場面でのジョークとは自ずと異なります。その場に合わせて臨機応変にジョークが言えるぐらいのレベルでなければ、諸刃の剣です。

‡ 8.11.2 先人の言葉

そこで、結婚式や卒業式で多用されるのが、先人の言葉です。論語や聖書、仏陀やソクラテスの言葉、それにいわゆる諺。その場にふさわしい言

葉を引用するとスピーチ全体が引き締まり、説得力も増します。ただ、自分がまったく馴染みのない言葉を使いたいと思ったときは要注意です。その場合は、「自分は今までこの言葉を知らなかったけれど、今日のスピーチのために初めて知って感銘を受けたので紹介したい」と正直に話すのがいいでしょう。昨日知ったばかりの言葉を、まるで10年前から知っているような顔をして使ってもボロが出ることになりかねません。

　ただし、あまり手垢のついた言葉を引用するのも面白みに欠けてしまいます。たとえば、結婚式での「結婚前には両目を大きく開いて見よ。結婚してからは片目を閉じよ」（トーマス・フラー）、卒業式での「一期一会」などは、少し聞き飽きた感じがあります。一方、誰も知らない人物が、誰も知らない場面で発した、誰も知らない言葉を紹介しても共感を得られません。言葉、人物、場面のどれか1つがよく知られているものが無難でしょう。そういう意味で、気の利いた言葉を見つけやすいのは、上に挙げた、仏陀、孔子、ソクラテス、イエス・キリストといった人たちの言葉と言えます。ほかにも、聖徳太子（厩戸王）、空海・親鸞・道元などの僧侶、戦国武将、幕末の志士たちの発した言葉を場面に応じて見つけてください。

　現在のスポーツ選手の言葉も時として胸を打ちます。並はずれた体力、練習の積み重ね、本番の心構え、チームワークなどに関する言葉がスポーツ以外にも応用ができ、スピーチのネタとなりえます。たとえば、野球のイチロー選手の「びっくりするような好プレイが、勝ちに結びつくことは少ないです。確実にこなさないといけないプレイを確実にこなせるチームは強いと思います。」などは、いろいろな場面で使えそうな言葉です。

　先人の言葉を引用するときに気をつけたいのは、多く使いすぎないことです。スピーチ全体の時間を5分と考えれば、1つか2つ程度でしょう。最初の挨拶と導入に30秒、締めくくりと最後の挨拶に30秒と考えると、実際には4分しかありません。気の利いた言葉を引用し、それを使って自分の言いたいことを述べるとなれば、2つまでで収めるべきです。3つ以上になると、その言葉を解説するだけになり、却って何を言いたいのかわからなくなるのが落ちです。

‡ 8.11.3 質問

　3つめのテクニックは質問です。人間は、一方的に話を聞くのではなく、何かを問われると意識が活性化します。その質問の仕方にも二通りあります。実際に、目の前にいる聴衆に答えてもらう方法と、聴衆に尋ねず、一瞬、間をおいて自分で答えを述べる方法です。聴衆に質問し、実際に答えを求める方法は、聴衆の注意を引き付けるには有効ですが、質問に答えてくれるかどうかが大きなポイントです。答えてもらいたいならば「どう思いますか」「何だと思いますか」というようなオープンエンドの質問は避けたほうがよいでしょう。Yes-No で答えられるか、三択で止めておくのが無難なところです。また、二択や三択ならば、一人に聞くのではなく、全員に聞いて手を挙げてもらうという方法もありえます。

　結婚式での新郎新婦のように、質問すべき相手が特定できる場合なら答えてもらいやすくなります。ただし、その場合も、思い出したり考えたりするのに時間がかかりそうならば、あらかじめ質問を伝えておくという手もあります。回答者や周囲の人間が不快に思うような質問を避けるのは言わずもがなです。また、花嫁はお色直しで席を空けるときもあるので、花嫁への質問をスピーチの軸とする場合には注意が必要でしょう。

　自分で答えを述べる場合は、そういったリスクはありませんが、独特の間が必要です。質問は、「では」や「じゃあ」で始めて短くまとめることが肝要です。また、それまでは「です・ます」調で話すのが普通ですが、質問の部分だけは「である」調にするとインパクトが出ます。たとえば、「…でした。では、誰がやったのか。」「…だったそうです。じゃあ、なぜそうなったのか。」というような感じです。そして一呼吸おいて聴衆を見ます。できれば全体を見渡してください。この質問と間によって、それまであまりスピーチを聞いていなかった人たちがふとこちらを見るので、間髪を入れず、「それは…でした。」と、答えを言います。それから、「です・ます」調に戻るわけです。

‡ 8.11.4 小物

最後の「小物」というのは、文字通り「物」です。聴衆の人数が多く、話し手の手元が見えにくい場合は使えませんが、話し手と聴衆の距離が物理的に近いと、実物は聞き手を引き付ける力を持ちます。とは言え、その場合でも聴衆は手に持ってみることはできないので、次のような点に気をつけてください。

- ある程度の大きさで、形や色がわかるもの
- タイミングよく見せられるもの
- 見る人の感情を害しないもの

その条件を満たした上で、スピーチの中のエピソードに関係する物や、言葉だけでは説明しにくい物を見せると、効果的です。

† 8.12 フィラーを避ける

人前で話していると、緊張感のためか、雑談のときにはあまり出てこないような、ほとんど意味のない単語を発してしまうことがあります。たとえば、次のような単語がそれに当たり、フィラー（filler）と呼ばれます。

> あの、えーと、まあ、なんか、だから、やはり、とりあえず、いわゆる

このうち「とりあえず」や「いわゆる」はフィラーとしては珍しいほうですが、不必要に言葉に挟んでしまう人もいるようです。私の高校時代、「いわゆる」を頻繁に使う先生がいて、友人が授業中に数えてみたところ、50回以上言っていたそうです。高校の授業は50分ですから、1分に1回以上の割合で使っていたことになり、これはやはりフィラーと言ってよいでしょう。

このフィラーが多い人は無意識に出しているのですが、聞いているほう

はけっこう聞き苦しいものです。場合によっては、何が言いたいのかわからなくなることもあります。人前で話すことに慣れてきたら、自分がフィラーを使いすぎていないか、ときどき意識してみてください。

† 8.13 プレゼンテーションに向けて

　本書の最終目的の1つは、効果的なプレゼンテーションができるようになることです。この章でお話しした自己紹介やスピーチの技術も、そのための準備だと考えてください。スピーチの失敗は笑ってすまされますが、仕事の上でのプレゼンテーションは、経済的な損失を生むこともありえます。次章を参考にして、プレゼンテーションに関する技術をしっかりと身に付けてください。

† この章の参考文献

Tannen, Deborah. 1990. *You Just Don't Understand: Women and Men in Conversation*. Ballantine.（田丸美寿々訳『わかりあえない理由―男と女が傷つけあわないための口のきき方10章―』講談社、1992）.

森口稔「コミュニケーションの情と理」『日本国際秘書学会・研究年報』21、2014：65-75.

9　プレゼンテーション

†9.1 プレゼンテーションとはなにか

いつ頃からか日常生活のなかで、「プレゼンテーション」(presentation)ということばをよく耳にするようになったと感じます。また、「プレゼン」と省略形で言うこともあります。たとえば、大学のキャンパスにいると、「午後からプレゼンなんだ」と学生が言っています。オフィス街のレストランや居酒屋では会社員らしき人たちが「プレゼン資料がまだなの…」とか、「あのプレゼンはマズかった」と言っているのが聞こえてきます。

この「プレゼンテーション」という言葉を「説明」と置き換えてみると違和感がないことに気が付きます。プレゼンテーションという言葉は、もともと広告代理店が広告主に対して企画を説明する意味で使われていました。現在では、広告業界に限らず、企業や学校、地域社会や学術団体などにおいて、資料を参考にしながら、聴衆に対して説明や説得をすることをプレゼンテーションと呼ぶようになっています。

†9.2 プレゼンテーションの種類

プレゼンテーションを大きく分けると、説明型と説得型があります。説明型は、発表者（話し手）が聴衆（聞き手）に情報を伝えて、内容を周知、または、理解させることを目的としています。説得型は、発表者が聴衆に

企画や商品を提案し、採用してもらったり購入してもらったりなどの行動を起こさせることを目的としています。

大学生が行うプレゼンテーションは、授業の課題としての発表や研究発表など、ほとんどが説明型のプレゼンテーションです。この章では、説明型のプレゼンテーションを中心に解説します。しかし、大学生活の後半から始まる就職活動では、企業の面接試験で自己紹介や自己PRをする機会があります。これらは、あなたを採用してもらうための説得の要素を含んだプレゼンテーションと言えるでしょう。また、社会人になれば、社内で企画を提案したり顧客に商品を売り込んだりする、説得型のプレゼンテーションが多くなってきます。将来的にはそういったスキルが必要になることも念頭に置いてください。

†9.3 プレゼンテーションの準備

プレゼンテーションにおいて最も大切なのは、準備です。学校の試験でも、スポーツの試合でも、その当日だけがんばろうとしても良い結果は出ません。入念な準備をしておけば、当日は少々ミスがあっても、なんとか乗り切れます。プレゼンテーションも準備が完璧であれば、8割は終わったも同然です。次ページのような手順で、しっかりと準備をしてください。

この手順に基づき、ここからは、店内で紅茶が飲めて茶葉の販売もしている「紅茶専門店・リーフレッド」という店を例に考えていきましょう。リーフレッドでは、最近、平日の午後に客足が遠のいており、それを呼び戻すために、紅茶の試飲会とセミナーとセールスを組み合わせた「紅茶の時間」というイベントを企画しています。ここでは、そのセミナーで行うプレゼンテーションを例に考えていきます。

†9.4 目的の明確化と聴衆の分析

日常会話のような個人的なコミュニケーションとプレゼンテーションと

```
目的を明確にする
聞き手を分析する
       ↓
関連情報を収集する
ブレーンストーミングを行う
大まかな構成を考える
       ↓
細かい論理構成を考える
資料を作成する
わかりやすい表現にする
具体例を入れる
       ↓
リハーサルを行う
```

の大きな違いは、目的の有無です。そのため、プレゼンテーションをすることが決まったら、自分が話す目的と聴衆が聞く目的を、まず明確にしてください。

　発表者と聴衆の目的が明確になったら、聴衆の年齢・性別・職業・出身地や、聴衆が既に持っている知識や情報を想定します。小学生を相手に話すと社会人に話すのとでは、テーマと目的が同じでも、内容や表現が違うはずですし、時間の長さも考慮する必要があります。

　たとえば、リーフレッドの「紅茶の時間」の例では、店側の目的は、集客と販売です。一方、参加者の目的は、「もっと紅茶のことを知りたい」とか、「好みの茶葉でおいしく入れたい」などでしょう。

　開催日が平日の午後ですから、中心となる聴衆は主婦層と考えられます。それならば、食器の使いかたや、紅茶を入れる基本的な手順は知っているはずです。逆に、科学的知識については豊富とは言えないかもしれません。また、聴衆からすれば、資格取得やお金に関わるような話ではありませんから、気軽に聞きたいはずです。だとすれば、1回のプレゼンテーション

は 20 分程度が妥当でしょう。

† 9.5 情報収集

　プレゼンテーションの目的を明確にし聴衆が分析できたら、次は内容に関する情報やデータの収集です。最近はインターネットで検索して情報を得ることが主流ですが、信頼できるのは、やはり書籍や雑誌です。学術的な論文から情報を得たい場合は CiNii「日本の論文を探す」(http://ci.nii.ac.jp/)、もう少し幅広く書籍や雑誌を探したい場合は、国立国会図書館サーチ (http://iss.ndl.go.jp/) があります。ほかにも分野ごとに文献データベースがあるはずなので、それらを利用してください。インターネットから情報を直接得る場合も、個人のブログからではなく、オフィシャルサイトや企業のホームページなど、信頼性の高い発信元から情報を集めます。

　「紅茶の時間」の場合、学術的な情報は必要ないでしょうが、紅茶の種類など、普段の仕事ではあまり使わない知識については、十分な収集をしておくべきでしょう。たとえば、紅茶には、アッサム、ダージリン、アールグレイなどの種類がありますが、それぞれの味の特徴や産地は確認しておきます。また、後述するように、ティーポットにお湯を入れるときには高い位置から注いだほうが、おいしくなると言われますが、その理由も、知らなければ調べておきたいところです。ほかにも紅茶に使う器、紅茶に合う食べ物、紅茶の歴史など、紅茶をキーワードにして調べることはいくらでもあります。ただ、その場合も、プレゼンテーションの目的と聴衆を考えて、情報収集をするのが効率的です。

† 9.6 ブレーンストーミングと大まかな構成

　多くの情報を集めたら、ブレーンストーミングをしながら、話すべき内容を考えます。最初は、思いつくことをどんどんと出していきましょう。手書きでも、ワープロでもよいので、頭の中で考えるだけでなく、書き出

していくことをお勧めします。さまざまな文献を読んでいれば、その内容に賛成できないこともあるかもしれませんが、そういう反論も書き出しておくといいでしょう。とにかく思いつくことは何でも出す。時間の限り、アイデアが出尽くすまでやってみてください。

　ブレーンストーミングが終わったら、出てきたアイデアを整理しながら、プレゼンテーションの大枠を考えていきます。プレゼンテーションの目的と聴衆を考えたとき、そのアイデアの中のどれをどの順番で話すか。この時点では、大まかな構成でかまいません。

　リーフレッドの「紅茶の時間」ならば、紅茶の入れかた、茶葉の種類、紅茶に合う食べ物などが考えられます。1回20分のプレゼンテーションだとすると、3回に分けるのが妥当でしょう。1回目のテーマは「紅茶の種類について」、2回目が「紅茶のおいしい入れかた」、3回目が「紅茶に合う食べ物について」というような感じです。

† 9.7 細かい論理構成と資料作成

　プレゼンテーションの大枠が決まったら、細かい論理構成を考えていきます。実際の作業としては、パワーポイントのスライドや配付資料を作成しながら、つまり、自分の考えが視覚的にわかるように整理しながら考えるのが、効率的です。

　話す順番は、内容によってさまざまです。時間的な順を追って話すか、結果を示してからその原因を探るか。個々の事例を見せてからその共通点を指摘するか、原理原則を示してから具体例を挙げるか。どういう順序で話せばわかりやすいかを聴衆になったつもりで考えてください。

　細かい論理構成を練っていくと、情報が足りないと気づくこともあります。その場合、面倒くさがらずに、もう一度、情報を集めてください。それによって、さらに構成が変わることもあるかもしれません。つまり、この段階では、情報収集と論理構成の間を行ったり来たりすることになるはずです。

もう1つ、気をつけておきたいのは、不必要に詳しくなりすぎないことです。詳しく情報を収集し、自分なりの考えがまとまってくると、それをすべて話したくなるのが人情です。しかし、聴衆が必要としているのは、そのうちの一部かもしれません。自分が話したいことではなく、聴衆が聞きたいと思うことを優先してください。

　たとえば、リーフレッドの「紅茶の時間」では、紅茶の化学的な成分やボストン茶会事件[14]の話は不要です。

†9.8 わかりやすい表現と具体例

　論理構造がしっかりしていても、それを表現する言葉が難解であったり、具体的な例や数値がなかったりするとプレゼンテーション全体がわかりにくくなります。そうならないために、次の点に気をつけてください。

- 難しい単語を使わない
  「僅差」→「小さな違い」
- 具体的な例を挙げる
  「いろいろな仕事」
  　　→「スイミングスクールのコーチ、学習塾の講師、カフェのウェイトレス」
- 数字を出す
  「多くの入場者」→「2000人以上の入場者」
- できる限り肯定文にする
  「〜でないとは思いません。」→「〜だと思います。」

　単語については、専門用語の使用にも気をつけてください。内容によっては、専門用語を使わざるをえない場合もあるかもしれませんが、できる

---

[14] 「1773年に制定された茶法に反対し、北アメリカ植民地ボストンの市民が起こした事件」（旺文社『世界史事典・三訂版』2000）米国独立のきっかけになったと言われる。

限り少なくしたほうがよいでしょう。万一、専門用語を使う場合は、最初に出てきた時点でその説明をしてください。参考までに、第3章の「わかりやすく客観的に伝えるために」も復習しておくとよいでしょう。

†9.9 序論・本論・結論

　プレゼンテーションは、通常、序論→本論→結論という流れです。しかし、プレゼンテーションの準備をするときは、本論の内容が固まってから序論と結論をつけ加えるのが効率的な方法です。

　本論の内容がまとまってくると、結局、自分が何を言いたいのかが、明確になるはずです。それを一言で表し、序論で述べます。たとえば、「紅茶の時間」の2日目であれば、最初に「今日は、『おいしく入れるためのコツ』をお話しした後に、紅茶の基本の入れ方のデモンストレーションを見ていただきます」のように説明します。

　万一、自分の言いたいことを一言で言い表すことができないとすれば、論理構成のどこかがおかしいはずです。たとえば、紅茶の種類の話をしたかったはずなのに、いつの間にかインドの地名の話になっていたとすれば、論理構成を変更する必要があります。

　序論では、そのプレゼンテーション全体の構成も簡単に紹介します。本で言えば目次に当たる部分です。少し高度なテクニックとしては、聴衆の興味を引き付けるような簡単なエピソードから入る方法もあります。

　結論では、全体のおさらいをし、自分が主張したい点を中心にまとめます。最後に聴衆への感謝の言葉を述べ、必要があれば、連絡方法を紹介して終わります。

　時間的な割合としては、序論が10〜15%、本論が80%程度、結論が5〜10%が目安です。時間は、スライドの枚数とほぼ対応するので、スライドの枚数もそれに合わせるのがよいでしょう。

†9.10 スライド作成の注意点

スライドを作成する際には、次の点に気をつけてください。

- ・1〜2分に1枚程度が目安
- ・表紙と目次のスライドも必要
- ・文字の大きさは、タイトルが40ポイント以上、箇条書きは24〜32ポイントぐらい
- ・読みかたが難しい漢字には、ふりがな

以下、「紅茶の時間」の2回目「紅茶のおいしい入れかた」を例にして、左側のよくないスライドを、どのように修正して右側のよいスライドにするかを見ていきます。

‡9.10.1 表紙のスライド

表紙のスライドでは、発表者の名前はフルネームで入れ、所属や役職名や肩書を加えます。学生は学籍番号も入れます。また、タイトルなど、文字の配置も考慮します。

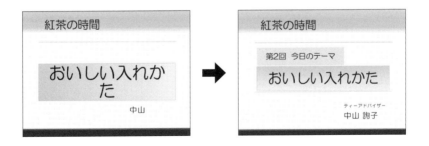

左のスライドは、タイトルが2行に分割されて、おさまりがよくありません。発表者の姓だけの表示も中途半端な感じを与えます。右側のように

すると、全体的に文字が見やすく配置されています。

‡ 9.10.2 目次のスライド

目次のスライドで注意すべきことは、プレゼンテーションの全体の流れを簡潔に示し、情報を詰め込みすぎないということです。

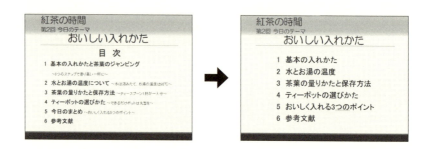

左のスライドは、情報を詰め込みすぎて、わかりにくくなっています。情報量を減らして全体の流れをわかりやすくしてください。

‡ 9.10.3 文章よりも箇条書き

本論のスライドでも、長々とした文章を書くことは禁物です。参考文献を引用する場合は仕方がありませんが、それ以外の場合は箇条書きにしましょう。要点を挙げるときは、体言止めにしたり、キーワードだけを挙げたりします。キーワードだけの場合、それぞれのキーワードの関係は口頭で説明する必要があります。たとえば、○○という語と△△という語があった場合、○○は△△と並立するのか、対立するのか。一方がもう一方の一部なのかなどを説明します。また、行動や作業手順を説明するときは動詞の終止形で統一します。次のスライドでは手順を説明しているので、動詞の終止形になっています。箇条書きは7行程度までにするのが適当です。いずれの場合も句点は省略します。

図からもわかるように、文章で書くとどうしても文字が小さくなり、文字が詰まって読みにくい感じがします。たとえば、左のスライドでは、20ポイントになっていますが、右のように箇条書きにすると、32ポイントに拡大でき、見やすくなります。

‡ 9.10.4 図表とアニメーションの利用

箇条書きだけでなく、図や表を使うとわかりやすくなることもあります。たとえば、アッサムやダージリンがインドのどの辺りにあるのかを示すためには言葉で説明するよりも地図を見せるほうが早いでしょうし、紅茶を飲む人口の国別比較や経年変化を説明する必要があれば、グラフにすべきです。

パワーポイントの使いかたに慣れてきたら、必要に応じてアニメーション機能も使ってみてください。話を進めながら必要な情報を出していくことで、聴衆の注意を引くことができます。

‡ 9.10.4 まとめのスライド

まとめのスライドでは、プレゼンテーション全体の中で最も主張したい点を箇条書きで示します。

今日のまとめ
おいしい入れかた
～おいしさの3つのポイント～
1. 汲みたての水道水を沸かしましょう。
2. お湯は必ず沸騰させます。高い位置からポットに注ぎます。
3.「ジャンピング」とは、茶葉がポットの中で上下に動くこと。おいしい紅茶の決め手になります。

おいしく入れる3つのポイント
・ 汲みたての水道水を使う
・ お湯は必ず沸騰させる
・ 高い位置から注ぐ

　左のスライドでは、箇条書きが数字で示されていますが、この場合は、ブリット（・）を使うことをお勧めします。数字があると、手順や優先順位だと思ってしまう可能性があります。順序がない場合、数字は使うべきではありません。

　また、左のスライドでは、3つめに「ジャンピング」という言葉が出てきます。ジャンピングとは、「紅茶をいれたときに、葉がポット内の湯の対流によって上下にゆっくり回転すること」（三省堂『大辞林 第三版』）ですが、必ずしもその専門用語を使う必要はありません。右のスライドのように簡潔に書いたほうがわかりやすくなります。

　3行で書かれたタイトルも、「おいしい」と「おいしさ」が重複していますし、まとめのスライドが「今日のまとめ」であることはスライドに書く必要はないので、削除します。

‡ 9.10.5 参考文献と挨拶

　発表の最後に、参考文献と「ご清聴ありがとうございました」などの挨拶のスライドを入れます。

†9.11 配付資料作成の注意点

　パワーポイントを使わずにプレゼンテーションをすることはありますが、配付資料なしにプレゼンテーションをすることは、まずありえません。その日のプレゼンテーションをわかりやすくするためにも、また、後日、聴衆に内容を思い出してもらうためにも、配付資料は必要です。配付資料を「レジュメ」や「ハンドアウト」と呼ぶこともありますが、同じです。

　配付資料は、パワーポイントのスライドをそのまま印刷する場合と、内容を簡潔にまとめて作成する方法があります。後者の場合、次ページの図のように、一目見て全体の論理構成が視覚的にわかるレイアウトに仕上げてください。スライドからテキスト部分をコピーして作るのが、効率的でしょう。その際、以下の項目も忘れずに入れてください。

・題目（タイトル）
・実施年月日、場所、主催者
・氏名、所属
・参考文献

　スライドで使った図表を入れる場合、紙の上に印刷しても見やすいかどうか確認してください。配付資料は、通常、複数枚コピーするので、写真や色文字は使わないほうが無難です。聴衆が書き込みながら進めるワークショップ形式でない限り、配付資料の中に大きなスペースを作る必要はありません。

†9.12 実物の提示と回覧

　話し言葉と資料だけではなく、実物を見せることが有効な場合もあります。モノによっては、写真で充分ですが、大きさ・重さ・手触り・匂いな

紅茶の時間 第2回 おいしい入れかた
～あなたのティータイムをもっとステキに～

2017年9月20日
紅茶専門店 リーフレッド
ティーアドバイザー・中山潤子

1. 基本の入れかた
2. 水とお湯の温度
3. 茶葉の分量と保存方法
4. ティーポットの選び方
5. おいしく入れる3つのポイント

―――――――――――――――――――

1. 基本の入れかた

・デモンストレーション
・茶葉のジャンピング
ティーポットの中で対流運動が起こることにより、茶葉が上下に回転する運動のこと。ジャンピングが起こることで、茶葉が開きやすくなり、味と色合い以下になる。

2. 水とお湯の温度

・水は新鮮な軟水が最適
・軟水＝カルシウムやマグネシウムをあまり含まない、普通の水
・汲みたての水道水を瞬間沸かしで沸騰させる
・95℃以上の熱湯を使う

3. 茶葉の分量と保存方法

・茶葉の分量
　普通の茶葉の場合：　1ティーカップに対し、2～3g
　高級茶葉の場合：　　1ティーカップに対し、1～2g

・茶葉の保存方法
　常温
　チャック付きのアルミの袋
　・缶は保存には適さない
　・袋の中の空気は抜く
　　空気にふれると劣化するため

4. ティーポットの選び方

・大型のポット
・丸型のポット
　お湯が対流しやすい
　対流するお湯によって茶葉がジャンピング

5. おいしく入れる3つのポイント

・汲みたての水道水を使う
・お湯は必ず沸騰させる
・高い位置からポットに注ぐ

引用・参考文献、サイト

http://www.kew.main.jp/make_tea/ (2017/8/10 閲覧)
http://www.harbcode.net/topics/tea/jumping.php (2017/8/20 閲覧)
http://www.verywel.coffee.ne/tea/heavyh.html (2017/8/20 閲覧)
日本紅茶協会監修、日本ティーインストラクター会議 (2005) 『紅茶をもっと楽しむ12カ月』 講談社

どを聴衆に知ってほしいときには、やはり実物が一番でしょう。実物を回覧して直に触れてもらったり、書画カメラに写して見せたりすれば、印象づけることができます。たとえば、紅茶の場合であれば、実際に匂いを嗅いでもらうと茶葉の違いを実感できます。

ただ、見せる実物が多すぎると、聴衆の注意が散漫になります。また、壊れやすい物や貴重品などは、聴衆も気を使うので避けたほうがよいでしょう。

† 9.13 リハーサル

準備の仕上げ段階としては、実際にパワーポイントのスライドを見て、声に出し、時間を測りながら、リハーサルをしてください。

その際、原稿を作る必要はありません。原稿作りに時間を取られてリハーサルの時間が足りなくなってしまっては本末転倒です。仮に、時間的な余裕があって原稿を作ったとしても、一字一句棒読みすることはやめたほうがよいでしょう。また、原稿を暗記しようとすると忘れたときにパニックになるので、それもお勧めしません。原稿を書いたとしても、それはストーリーを自分の頭の中に定着させるための手段程度に考えておいてください。スライドか配付資料に話すべき内容のキーワードは書かれているわけですから、それを見ながら、自分の言葉で、自然に話すように心がけることが大切です。

リハーサルは、1度通してやるだけでも、本番での出来栄えが違ってきます。慣れてくると、スライドを作りながら頭の中でリハーサルをしているので、スライドが出来上がったら、1回おさらいをする程度でもほぼ大丈夫になってきます。

† 9.14 会場確認と発表の順番

準備が整ったら、プレゼンテーション本番の前に会場を確認しておきま

しょう。事前にその場所に行くことができればベストですが、当日のプレゼン直前でも、会場の様子を知っておくと安心感があります。会場の大きさ、マイクの有無、スクリーンの位置、段差の有無など、さっと見るだけでも、聴衆の前で話している自分をイメージすることができます。

特に、パソコンでスライド以外のファイルを見せたり、起動させたりする場合は、動作確認をしておいたほうがよいでしょう。確認を怠ると、ソフトウェアのバージョンの違いやハード機器の操作ミスなどによって思わぬトラブルを招くこともあり、せっかく準備したプレゼンテーションが失敗する可能性もあります。

それからもう1つ、プレゼンテーションの順番を選ぶことができる場合は、トップバッターをお勧めします。日本人は奥ゆかしいためか、最初に話すことを嫌がる人が多いようです。しかし、複数の人がプレゼンテーションをする場合、次のような理由で、最初のプレゼンテーションが最もお得です。

まず、聴衆の疲れかたが違います。何人ものプレゼンテーションが続いた場合、聞いているほうも段々と疲れてきます。自分の言いたいことを確実に伝えるためには聴衆がまだ聞き疲れしていない時間帯が狙い目です。

自分が聴衆でもあるような場合、つまり、自分の順番が来たら前でプレゼンテーションをするが、それ以外の時間は聴衆として他の人のプレゼンテーションを聞くような場合、最初に自分の出番をこなしておくと、リラックスして他の人の話を聞くことができます。そうでなければ、自分の出番を「今か、今か」と緊張して待つことになり、せっかく他の人が興味深い話をしてくれても落ち着いて聞く余裕がありません。

また、学生が授業の一環としてプレゼンテーションをし、それに成績が付けられる場合、先生によっては後になるほど厳しくなる傾向も否めません。もちろん、先生方も、できる限り公平な評価を下すように、注意しているはずですが、いつまでもグズグズと前に出てこない学生と、率先して前に出てくる学生に対する印象が異なるのは当然でしょう。

最後に、トップバッターは準備時間に余裕があることがよくあります。たとえば、プレゼンテーションの間隔が3分間しか取られていないとする

と、前の人が終わってから急いで自分のプレゼンの用意をしなければ間に合いません。しかし、トップバッターの場合は、前述した動作確認なども含めて、始まるまでにゆっくりと時間を取れるわけです。

† 9.15 プレゼンテーション当日の注意点

　充分な準備をしていれば、プレゼンテーション当日になって心配することは何もありません。次の点に注意して、落ち着いて自分の話を聞いてもらえばよいだけです。

- 身だしなみ
- 立ち位置と姿勢
- アイコンタクト
- 話す速度
- 時間厳守

　聴衆が発表者に対して抱く第一印象は、身だしなみで決まります。服装は、くだけた感じより、少し改まっているほうがよいでしょう。上着の前ボタンは閉じ、シャツの襟や袖口のボタンも留めておくようにします。発表が始まると、途中で上着を脱いだり、襟のボタンをゆるめたりして調整することはかまいません。髪型も、派手なパーマをかけたり、奇抜な色に染めたりすることは避けます。男性の場合、髭は剃っておきましょう。

　プレゼンテーションを始めたら、聴衆との距離、段差やマイクの有無、スクリーンの位置などを考えて、立つ位置に配慮してください。次ページの図のように発表者がスクリーンの端のAの位置に立つことによって、スクリーンが見えにくくなる聴衆がいます。発表者はスクリーンに重ならないBの位置に移動すると、スクリーンが見えやすくなります。

　また、猫背になったり、体が傾いたりすると、自信がないように思われることもあるので、姿勢にも気をつけましょう。聴衆の邪魔にならない程

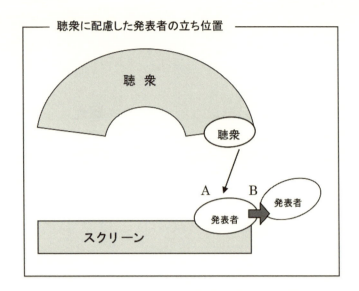

度に、少し左右に歩いてみると、緊張もほぐれ、立ち位置や姿勢も自覚できます。

　聴衆と視線を合わせる「アイコンタクト」は、非常に大切です。アイコンタクトによって、「あなたに話しかけています」というメッセージを一人一人の聴衆に伝えることができます。そのためにも、原稿を読みながら話すのではなく、顔を上げて自分の言葉で話すことが必要です。

　プレゼンテーションに慣れてきたら、聴衆が少人数のときは、柔らかい視線を向けてみましょう。そうすることで、優しさ、落ち着き、信頼感を印象づけることができます。大勢のときは、心もちしっかりと目を合わせるようにすると印象に残りやすくなります。話の大事な場面では、伝わっているかどうかを確認するように相手の目を見て軽くうなずくようにするといいでしょう。

　もう1つ気をつけるべきことは、話す速度です。人は緊張すると、どうしても早口になってしまいます。そうなることを予測して、最初はできる限りゆっくりと話し始めるほうがよいでしょう。意識してゆっくり話すことで緊張も解けてきます。

最後は持ち時間を守るという点です。プレゼンテーションは必ず決められた時間内に終わらせなければなりません。持ち時間を超えて話すことを聞き手に対するサービスだと考えている人もいるかもしれませんが、それは大きな間違いです。時間を超過することはサービスではなく、聴衆の時間を盗んでいることに等しいと考えてください。

1つのテクニックとして、パワーポイントのスライドのどこかに目安となる分数を入れておくという方法があります。たとえば、スライドが20枚の場合、12枚目か13枚目辺りの隅っこに、「12/20」「13/20」というような分数を書いておきます。リハーサルのときからその数字を意識し、プレゼンテーション本番でも、その数字のスライドがきたとき、「このスライドで6割まで来ました」というようなことを聴衆にも伝えます。聴衆も話の進み具合がわかりますし、自分も時計と見比べて急ぐべきか、ゆっくりと話してよいかがわかります。

†9.16 終了後の質疑応答

プレゼンテーションが終わると、その内容に対して聴衆が質問したり、コメントしたりする時間があります。聴衆からの質問やコメントに対しては、次のように丁寧に対応していきましょう。

- 質問やコメントをしてくれたことに感謝の言葉を述べ、内容を確認する
- 質問の場合、最初に、それに答え、理由や説明は後で加える
- 回答に納得したかどうか、確認する
- 1つの質問やコメントに長々と答えない
- 質問やコメントに関係のない話はしない

プレゼンテーションに慣れてきたら、聴衆全体を見ながら回答するようにしましょう。質問者だけを見るのではなく、全体を見渡しながら答えることで、質問を共有している状態が作り出せます。

また、質問があまりにも特殊で質問者以外に関連がなさそうな場合は、後で個別に答えるという方法もあります。

† 9.17 振り返りのチェックポイント

自分のプレゼンテーション技術を向上させるためには、終了後の振り返りが大切です。以下の点を確認し、うまくいかなかった場合は何が原因なのか考えてみてください。

- ・充分な準備ができたか
- ・目的は明確に示せたか
- ・時間配分はうまくいったか／時間内に終わることができたか
- ・聴衆とアイコンタクトが取れたか
- ・プロジェクターやネットワークなど、機器に問題はなかったか

最後に、自分は本当に聴衆の立場に立っていたかどうかについても、思い返してください。相手の立場で考える、これがすべてのコミュニケーションの基本です。

† この章の参考文献

伊藤宏、福井愛美編著、西尾宣明、服部美樹子、水原道子、中山順子著『プレゼンテーション演習』樹村房、2011.

上村和美、内田充美『プラクティカル・プレゼンテーション』くろしお出版、2005.

比留間太白、山本博樹編著『説明の心理学』ナカニシヤ出版、2007.

福井有監修、大島武編著、水原道子、西尾宣明著『プレゼンテーション概論』樹村房、2009.

森口稔、中山詢子『基礎からわかる書く技術』くろしお出版、2019.

練習編

1　自己紹介

　次のような場面での自己紹介を考えてください。人に話したくない個人情報を含める必要はありませんが、フィクションではなく、実際の自分のこととして、紹介をしてください。

(1)　2年生になってから入ったサークルの最初の活動で
(2)　3年生または4年生で、専門課程のゼミに入ったとき、先生や先輩たちの前で
(3)　地域のスポーツサークルや趣味のサークルの懇親会で
(4)　就職試験の面接で
(5)　大学院入試の面接で
(6)　就職して最初に配属された部署の朝礼で
(7)　就職して最初に配属された部署の歓迎会で

2　新聞記事報告

　1週間以内の新聞に掲載されていた記事の内容を1分または5分で報告してください。報告の際には、新聞名、掲載日、見出しを最初に述べてから内容の紹介に入ります。新聞記事をそのまま読み上げるのではなく、自分の言葉に直して、わかりやすく報告してください。専門用語が入っている場合は、その説明も必要です。5分で報告する場合は、記事に対する自分の考えも述べてください。そのとき、ただの感想ではなく、建設的な意見や批評になるように心がけてください。

3　ノンストップ2分間トーク

　話すときに意味なく入れてしまう「あー」や「えっと」をフィラーと呼ぶという話を第8章でしました。人前で話すときは、普段以上にこのフィラーが入ってしまいがちです。また、緊張のためか、数秒間沈黙してしまうこともあります。こういった状況を避けるために、できる限り、間を空けずに話し続ける練習をしてください。時間は2分間で、話の内容は自由です。昨日の出来事でも、中学時代の思い出でも、将来の夢でも、何でもかまいません。また、途中から急に話が飛んでしまってもかまいません。禁止事項は次の2点だけです。

・フィラーを入れないことと
・沈黙を作らないこと

　最初はペアを作って、一人が話し、もう一人が時間を測ります。慣れてきたら、グループで、または、クラス全員の前で試してください。

4　ビブリオバトル

　自分が読んだ本を紹介し合うゲームです。4〜5人一組のグループを作って、お互いに自分の好きな本を紹介してください。一人の持ち時間は3分45秒以上4分以内です。4分経ったら話の途中でもそこで止めます。スマホのカウントダウンタイマーなどを利用するとよいでしょう。その後、約2分間、質疑応答の時間を設けます。これは本の紹介時間ほど厳密にする必要はありません。本の紹介が全員終わったら、誰の紹介した本が一番面白そうか、実際に読んでみたいか、投票します。紙に書いてもかまいませんし、挙手でもよいでしょう。ただし、自分が紹介した本には投票できません。最も得票数の多い本がチャンプ本となります。チャンプ本を紹介した人に一言コメントをもらってください。

手順例
1. 実際に読んで面白いと思った本を1冊持ってくる。
   ライトノベルは可、漫画は不可。複数巻の場合、それを1冊と考える。
2. 5人一組のグループを作る。
   端数が出る場合は、4人グループ。
3. 発表の順番を決める。
4. グループ内で順番に、1人4分間、持ってきた本を紹介する。
   合図に従って、各グループ一斉に開始し、終了する。
5. それぞれの発表の後に、2分間、質疑応答を行う。
   グループ内の全員が何らかの質問またはコメントを出すこと。
6. 全員の発表が終了後、投票で「チャンプ本」を決定する。
   先に終了した4人グループは、他のグループの見学（投票権なし）
7. 各グループのチャンプ本をクラス全員の前で、一人3分で紹介する。

質疑応答はなし。
8. 挙手で投票し、「グランドチャンプ」を決める。

† 参考文献
谷口忠大『ビブリオバトル』文春新書、2013.

5　敬意行動の考えかた

　下の (1) ～ (8) の敬意行動は次の (a) ～ (d) のうちのどの考えかたで説明できるでしょうか。一人で考えてもグループで考えてもかまいません。必ずしも正解は存在しないので、いろいろな可能性を検討してください。

(a) 防御や攻撃を放棄する
(b) 相手と同じ、または、より多くのエネルギーを使う
(c) 見た目の心地よさを相手に与える
(d) 相手への関心を示す

(1) 立った状態でお辞儀をするときは、足を閉じ、膝をまっすぐに伸ばす。
(2) 廊下を歩いていて目上の人が向こうから来たら、立ち止まって挨拶する。
(3) 目上の人には景色が見える場所に座っていただく。
(4) 人の部屋に入るときはノックをする。
(5) 日本では他家を訪問するとき、玄関に入る前にコートを脱ぐ。
(6) 米国では他家を訪問するとき、コートを着たまま玄関に入る。
(7) 椅子を勧められてから座る。
(8) 日本の伝統的家屋では、来客を玄関で迎えるときは正座する。

6　話し合いの練習

　6〜8人のグループを作り、進行役と報告役を決め、次のトピックについて話し合ってください。話し合いの途中にインターネットなどを調べてもかまいません。話し合いの後、他のグループに結果を報告してください。

(1) 言語／コミュニケーション
　(a) 自分の専門分野とコミュニケーションは、どう関連するか
　(b) 英語・中国語以外で、外国語を学ぶとすれば何か
　(c) 30年後、翻訳ソフトが進化し、外国語を勉強する必要はなくなっているか
　(d) 異文化コミュニケーションに大切な3つのこと
　(e) 日本人は英語が話せないと言われるのは、なぜか
　(f) もし自分が企業の経営者だったとして、社内公用語を英語にするか

(2) 教育
　(a) 高校生に対して自分の大学をどうアピールするか
　(b) 高校生に対して自分の専門分野をどうアピールするか
　(c) いわゆる「文系」の学生が数学を学ぶ意義は何か
　(d) いわゆる「理系」の学生が文学を学ぶ意義は何か
　(e) 歴史を学ぶ意義は何か
　(f) 大学1年生に読んでもらいたい新書3冊
　(g) どうすればいじめを減らせるか
　(h) 親になったとき、子どもに守らせたい3つのマナー
　(i) 高校を義務教育にする必要はあるか
　(j) 小学生にスマホを持たせるべきか

(3) 職業
- (a) 自分の専門分野に関連するインターンシップ先としてはどんな企業が良いか
- (b) 面接で気をつけるべき3つのこと
- (c) 仕事を得るために必要な3つのこと
- (d) 労働の対価としての収入は、どのようにして決まるか
- (e) 大学生に対して自分の会社をどうアピールするか
- (f) ベンチャー企業を立ち上げるとすればどんなビジネスが良いか
- (g) 既存の企業の社長になるにはどうすれば良いか
- (h) ブラック企業への就職やアルバイトをどうやって回避するか
- (i) 30年後、人工知能が人間の代わりをしている仕事は何か

(4) 経済・社会
- (a) 先進国がオリンピックを開催する意義は何か
- (b) 発展途上国がオリンピックを開催する意義は何か
- (c) 東京や大阪などの大都市で、自家用車は必要か
- (d) なぜ児童虐待が起きるのか
- (e) 過疎化する村をどうやって再生するか
- (f) 高齢化社会で医療費を抑えるにはどうすれば良いか
- (g) 防災や減災のために我々ができる3つのこと
- (h) 日本において成人年齢は何歳が妥当か
- (i) どうすれば個人間の経済格差を解消できるか
- (j) 個人投資はすべきか
- (k) 吉本興業とマクドナルドではどちらの将来性が高いか
- (l) 現在の日経平均株価やTOPIX以外に、日本経済の状況を知るための指標を新たに作るとすればどんなものが考えられるか
- (m) 南極越冬隊と、高級服ブランドの会社と、たこ焼き屋の中で、最も社会に貢献しているのはどれか

(5) 科学技術
　(a) 20世紀における最も偉大な発明は何か（ただし、コンピューターを除く）
　(b) 電子書籍の出現によって、紙の書籍は将来なくなるか
　(c) 日本のモノづくりは今後どうなっていくか
　(d) 次世代エネルギーをどう考えるべきか
　(e) クローン生物をどう考えるべきか
　(f) どうすれば科学嫌いの中学生をなくすことができるか
　(g) どうすれば食品添加物を摂取しなくてすむか
　(h) 人類はガンを克服することができるか
　(i) ノーベル賞は世界平和に貢献しているか
　(j) 30年後にノーベル賞受賞者を出すために、今、何をすべきか
　(k) パワースポットは科学的にどう説明可能か
　(l) 人類は、今後、地球外文明と遭遇する可能性があるか、または、過去に遭遇したか
　(m) 1000メートル競走をしたら、どの動物が一番速いか
　(n) 人間は100メートル走で9秒を切ることができるか
　(o) 俗に「火事場の馬鹿力」というが、人間は緊急のときにどの程度の身体能力を発揮できるか
　(p) スペースエレベーターはいつ頃実現可能か
　(q) 火星移住計画はいつ頃実現可能か
　(r) 仮に瞬間移動の技術が実現したとして、ドラえもんの「どこでもドア」は使えるか
　(s) もし白亜紀に隕石が落ちてこず、恐竜が絶滅していなかったら
　(t) 時間とは何か

(6) 日本文化
　(a) 初めて来日した外国人を是非連れて行きたい日本の観光地、3箇所
　(b) 日本が世界に誇る3つのこと

(c) 日本の歴史を変えた3人の人物
(d) もし源義経が鵯越(ひよどりごえ)で落馬していたら
(e) もし鎌倉時代の元寇のときに台風が来なかったら
(f) もし大坂の夏の陣で徳川家康が真田幸村に討たれていたら
(g) もし坂本竜馬が暗殺されていなかったら
(h) もし第2次世界大戦で日本が無条件降伏をしなかったら
(j) 銃などの火器を使わずに戦ったとしたら、日本史上最強の男は誰か
(k) 日本食と洋食の根本的な違いは何か
(l) 日本でマンガがこんなに発展したのはなぜか
(m) 日本文化の根底にある3つの精神

(7) その他
(a) 認知症を予防するためにするべき3つのこと
(b) 21世紀の名作映画3本
(c) 1週間、無人島で一人で暮らさなければならないとして、持っていくべき3つの物
(d) もし忍者がオリンピックに出たら、どの種目で金メダルが取れるか
(e) もし自分が企業の経営者だったとして、大地震が起きた直後、何をするか
(f) 他の地域に住む人に対して自分の住む地域または故郷をどうアピールするか
(g) 誰かが無利子で100万円を貸してくれ、3年後に返済しなければならないとしたら、どういう使いかたをするか

7　交渉の練習

　2つのグループに分かれて、一方はメーカー、もう一方は商社となり、シナリオに従って交渉してください（登場する固有名詞はすべて架空のものです）。次の111ページから113ページまではメーカーのシナリオが、114ページから116ページまでは商社のシナリオが書いてあります。それぞれ交渉相手のシナリオは見ないでください。また、交渉の会議は3回設定されていますので、1つの会議が終わるまではその次のページにある次の会議のシナリオは見ないでください。

シナリオ1（メーカー）

今日は6月1日。あなたは、センサーのメーカー、天神川製作所の営業担当です。1年ほど前から商社の中山商事を通して、防犯センサーBH-S1を3500台売ってきました。納入価格は1台11万円です。

しかし、天神川製作所は、現在、BH-S1の後継機であるBH-S2を開発中であり、10月には新製品として売り出す計画です。そのため、1500台ある在庫をできる限り早く片付ける必要があります。人件費を含めたBH-S1の原価は1台9万円で、それを切ると赤字になります。

そこで、中山商事の担当者に相談を持ちかけ、ミーティングを開くことになりました。10月の納入で在庫が一掃できるように、中山商事と交渉してください。ただし、月間利益が500万円を切ると、あなた自身の冬のボーナスにも響くかもしれません。

ちなみに、納入は毎月10日、新機種のBH-S2の原価は7万円です。

参考

天神川製作所の防犯センサーを販売しているのは、現在、中山商事だけですが、別の製品の販売に関して、天神川製作所は、長年、大手商社の京都物産とも取引があります。防犯センサーについては、京都物産は10万円でないと仕入れてくれませんが、月間1000台の販売が可能です。また、京都物産は、中山商事が販売網を持っているアスラリカ共和国では、取引はしていないようです。アスラリカとの取引はドル建てで、現在、1ドル110円です。

シナリオ2（メーカー）

　今日は7月20日。6月のミーティングの結論に従って、納入してきましたが、先日、BH-S1の小さな不具合が見つかりました。自主回収して修理するほどのことではなく、ユーザーに自分で付属装置を取り付けてもらえれば問題は解決します。付属装置1台の価格は2000円、国内への送付料は1000円、海外への送付料は2000円です。国内外で納入したすべてのユーザーに送る必要がありますが、ユーザーリストは中山商事が持っており、天神川製作所内に情報はありません。

　どのように対処すべきか考えているところに、中山商事の担当者から相談があると言われ、今から行う打ち合わせで、この件も相談する予定です。

シナリオ 3（メーカー）

　今日は 9 月 15 日。10 月に発売予定だった BS-2 の開発が遅れ、11 月になりそうです。それについて、今日、中山商事と打ち合わせをすることになりました。

シナリオ1 (商社)

　今日は6月1日。あなたは、商社の中山商事で電機・機械関連の営業担当です。中山商事は、1年ほど前から、天神川製作所の防犯センサーBH-S1を1台11万円で3500台仕入れ、国内外に販売してきました。販売価格は、国内13万円、海外1200ドル、月間売上台数は、国内100台、海外200台程度です。もう少し安くなれば市場が広がる可能性もあります。海外の出荷先は、主にアスラリカ共和国であり、ドル建てで取引をしています。納入は毎月10日です。

　これまでは1ドルは110円前後でしたが、少しずつ円高ドル安の動きが出てきており、このままでは海外での販売価格を値上げせざるを得なくなってきています。そのため、仕入価格の値引きを天神川製作所に交渉しようと考えています。防犯センサーでの利益が月間500万円を切るとあなた自身のボーナスにも響くかもしれないので、売り上げを落とすわけにはいかないのです。

　そんな折、天神川製作所の営業担当者から相談があると言われ、打ち合わせをすることになりました。

参考

　中山商事は、3か月ほど前から大手メーカーの田辺電機からも防犯センサーの販売を打診されています。田辺電機のセンサーは高品質で、仕入価格が最低13万円になります。そのため、販売価格は15万円として、国内外合わせて月間100台ほどしか売れそうにありません。しかし、中山商事としては顧客からの要望に応じてラインナップを揃えたいとも考えています。

シナリオ 2（商社）

　今日は 7 月 20 日。先月の末頃から、輸出先のアスラリカ共和国での政情不安に関する情報が入ってきました。具体的な時期はわかりませんが、今後、アスラリカへの出荷ができなくなる可能性もありそうです。この件は、まだ、マスコミには報道されておらず、アスラリカ情勢に詳しい中山商事の現地法人からの情報です。

　一方で、米国経済が先行き不安となり、1 ドルが 100 円前後に下がってきています。

　加えて、天神川製作所が BH-S1 の後継機 BH-S2 を開発中であるという話も非公式に聞こえてきています。

　この状況を鑑み、天神川製作所の担当者に相談を持ちかけ、納入に関して打ち合わせることになりました。

シナリオ3（商社）

　今日は9月15日。アスラリカの政情不安は収まり、輸出も問題がなくなりました。ところが、円高がさらに進み1ドル95円になっています。

　このタイミングで天神川製作所から連絡があり、今日、打ち合わせをすることになっています。

8　プレゼンテーションの練習

　自分が次の場面の話者であると想定してプレゼンテーションを実施してください。内容は適宜変更してもかまいませんが、聴衆をよく分析した上でプレゼンテーションをしてください。簡単な資料も準備してください。

場面A：社内企画会議
　　　話者：　製菓会社の企画担当
　　　聴衆：　企画部長を含む他の企画担当、営業担当、技術担当
　　　内容：　新製品「キムチ昆布味ポテトチップ」の企画

場面B：代理店への説明会
　　　話者：　ロボットメーカーの企画担当
　　　聴衆：　販売代理店の営業担当
　　　内容：　新製品「介護専用ロボット・太助くん」の発表

場面C：顧客への説明会
　　　話者：　旅行会社の営業担当
　　　聴衆：　高等学校教員（受注済み）
　　　内容：　富山県への修学旅行の企画

場面D：中学校での講演
　　　話者：　職業紹介の講師として呼ばれた寿司職人
　　　聴衆：　中学校1・2年生
　　　内容：　自分の仕事

場面E：公開セミナー
　　　　話者：　歴史学者
　　　　聴衆：　一般の人も参加できる歴史セミナー
　　　　内容：　邪馬台国が滋賀県にあった可能性

場面F：スポーツ普及会
　　　　話者：　国際ハンドボール連盟の役員
　　　　聴衆：　ハンドボールが普及していない国のスポーツ関係者
　　　　内容：　ハンドボールの概要
　　　＊　言語は日本語のままで

【著者】

森口　稔（もりぐち・みのる）
大学非常勤講師、翻訳者、辞書執筆者。大阪市出身。北海道大学卒業、米国南部工科大学修士課程テクニカルコミュニケーション専攻修了。大阪府立大学博士課程単位満期退学。雑誌社や大手メーカーでの勤務、高校・大学での教員などを経て現職。著書に、『テクニカルコミュニケーションへの招待』(三省堂、2013)、『基礎からわかる書く技術』(共著、くろしお出版、2019)、『日本語を書くトレーニング』(共著、ひつじ書房、2003)、『ジーニアス英和辞典第5版』(校閲、大修館書店、2014)、『三省堂国語辞典第七版』(執筆協力、三省堂、2014)、『ジーニアス和英辞典第3版』(編集協力・校閲・執筆、大修館書店、2011) など。

中山詢子（なかやま・じゅんこ）
大学非常勤講師、キャリアアドバイザー。兵庫県宝塚市出身。甲南女子大学文学部卒業。上場企業や中小企業での勤務で、総務・人事・営業などの部署を経験し、秘書職を経て現職。「大丈夫！一寸先は光！」をメッセージに、これから社会人になる学生やオフィスで働く若い人たちの支援に力を入れている。著書に、『基礎からわかる書く技術』(共著、くろしお出版、2019)、『プレゼンテーション演習』(共著、樹村房、2011)。

森口担当　全体監修
　　　　　基礎編：1～8章、9章（共執筆）
　　　　　練習編
中山担当　基礎編：9章（共執筆）

基礎からわかる話す技術

2017年 5月 1日　第1刷発行
2019年 9月 1日　第2刷発行
2024年 3月25日　第3刷発行

著　者　　森口　稔・中山詢子

発行人　　岡野秀夫
発　行　　株式会社　くろしお出版
　　　　　〒102-0084　東京都千代田区二番町4-3
　　　　　電話：03-6261-2867　FAX：03-6261-2879　WEB：www.9640.jp

装　丁　　Yuna Design　　印刷所　シナノ

©Minoru Moriguchi, Junko Nakayama 2017, Printed in Japan

ISBN978-4-87424-727-3 C0037
本書の全部または一部を無断で複製することは，著作権法上での例外を除き禁じられています。

くろしお出版　書籍案内

基礎からわかる書く技術

森口稔 / 中山詢子 著

論理的に考え、わかりやすい文章を書くための教科書。高校までの国語で習ったことも含めて本当の基礎から解説する。また、ふだん何気なく使っている日本語を意識するきっかけを提供するよう配慮した。基礎編と練習編の2部で構成。

［基礎編］
1. なぜ、書くのか／ 2. 文章技術を身に付けるために
3. 要約の重要性とその方法／ 4. 文字と数字と記号／ 5. 単語と辞書
6. 文法と句読点／ 7. 文体／ 8. 文書の作成
9. わかりやすく書くために／ 10. メールの書き方
11. 就活のための心の準備／ 12. 論文とレポート

［練習編］
1. 本を読もう／ 2. 調べて覚えよう／ 3. 文を書き直そう
4. 文章を要約しよう／ 5. メールを書いてみよう
6. いろいろな文書を作成してみよう
7. 言葉とコミュニケーションについて考えよう
8. レポートを書こう／ 9. エントリーシートの準備をしよう